LIFO®
優勢管理

扭轉人生到管理用人的最強煉金術

Strength Management

陳子良、柯嘉雯 著

推薦序

林雙桂

　　第一次接觸LIFO是20多年前，當時我還在工業技術研院擔任人力發展主管，身負全院各階主管的管理能力發展重責。我們想採用一個能夠有效了解個人、並協助年輕主管們發展管理風格的培訓工具與課程。因此與LIFO結上了不解之緣。

　　在全球多家風格培訓工具與訓練中，LIFO最後拔得頭籌。主要原因是，這套系統除了能有效分析學員基本風格並給予有效回饋，又能配合五個發展策略方法，讓學習者發揮個人長處優勢。更重要是，還有多個面向的課題（諸如：人員徵聘、銷售、團隊、顧客滿意、談判、銷售、時間管理、工作教導、生涯規劃、家庭和諧、親子教養……）等應用。而我們透過引進LIFO的系統工具及培訓課程，使各研究所的主管除了基本理工專長之外，又有了一套能協助個人及團隊／部屬發揮個人風格優勢的良好利器，協助其發揮管理領導效能。

　　在有過人力資源相關的應用經驗後，我個人也逐漸在生活與職場上的各個面向上使用LIFO。跟隨著接陳子良的指

導，逐步受訓成為LIFO講師。之後，更隨著個人職涯的發展，LIFO已經成為我職場上的良師益友。使我在在兩岸企業管理界，甚至家庭關係的議題上，成為能夠協助他人良好發展的顧問。

然而，在學習LIFO的過程中，我也面臨了一些挑戰。在多年的淬鍊之後，我個人體會到：LIFO的應用牽涉到一個觀念或行為習慣的改變，並非只是單純的理論分析。而有些學員亦反應希望能有更多了解LIFO的知識平台及學習工具，讓他們在課程後還有更多反芻的機會。如今本書的編輯成冊，是除了上課培訓及網路平台之外，學員能更擴展理解LIFO奧秘的管道。在此非常佩服第一作者陳子良的真知灼見。書中除了一般LIFO風格知識，更有多位專家／顧問的案例經驗分享，應更能引起大家的學習與應用之興趣.

身為LIFO大家庭的一員，我很榮幸被陳子良邀請為序，更期待各位好夥伴們一起學習。

（林雙桂，曾任職工業技術研究院院本部人力資源發展高階主管，2000年創辦創易管理顧問公司，目前擔任總執行顧問。）

自序

陳子良

在這個資訊爆炸的年代，人人都充滿了憂患意識，時時刻刻都希望能有更多方法來提升自己的潛能、獨特性及競爭力，優勢管理儼然成為炙手可熱的話題。無論是管理者還是員工，無論是初進職場的新鮮人還是身經百戰的老鳥，都對自我發展、如何確認自己適合深耕的領域充滿興趣。畢竟，當你管理好自己的優勢，就管理好了自己的人生。

LIFO方法在西方世界發展了近六十年，中文版問世至今也已近三十載，創始人艾特金（Stuart Atkins）與凱契爾（Allan Katcher）博士寫了六本專著，但書籍內容都較艱澀、充斥著知識理論的陳述，較適合學習過LIFO課程的專業讀者，而這些專著並不符合中文大眾市場的需求。世臺管理顧問有限公司，作為LIFO中文版獨家總代理商，一直沒有將這些書籍翻譯與出版，以致減少了市場上瞭解LIFO的機會。世臺（EW）於1993年開始教授LIFO課程，專業服務已遍及大陸地區、香港、臺灣，及新加坡、馬來西亞等亞洲地區，並橫跨金融、科技、網路、醫藥、房產、製造、服務以及教育等產業，學習者高達數萬。

　　然而，這些授課經驗，讓我們發現，LIFO的目標雖是有效溝通、建設團隊，並提升個人及組織績效，但在個人面的應用上，卻缺乏一套終身學習的綱領，許多學員在透過問卷評量自我瞭解，上完課程後，雖欲持續的應用，卻不太有後續再學習的內容及模式。而LIFO方法其實需要長期的應用實踐，才能更體會出對個人發展的效益。從2016年開始，世臺公司除了開設領導力與團隊建設等課程外，也開始研發各式各樣生活應用面的LIFO學習內容，從職業生涯的選擇到職場人際溝通，從兩性關係至親子教養，期望能夠讓更多人透過LIFO的學習而受益。

　　過去，有不少LIFO的學習者告訴我，當年學習LIFO時不太能體會其價值，經過經年累月的人生閱歷後，才更能瞭解效用。我認為這也和缺少一本好的LIFO學習書有關。為了彌補這個缺憾，這本深具本土化特色的LIFO書籍從2016年開始構思，籌備了三年，囊括多位LIFO資深講師的教學經驗、匿名學員的生命故事，以及我們在各式各樣企業組織內進行培訓、諮詢、協助問題解決的案例，以淺顯易懂的方式，提綱挈領的讓讀者認識LIFO的方法，以及它在個人面與組織面的應用。引頸期盼了許久，屬於中文市場的LIFO書籍終於撰寫完成，終於有一本針對中文讀者的LIFO方法普及書，闡述了LIFO基本理論及全面應用，教導讀者打造最符合自己優勢及長處的人生藍圖。

　　這本書的命名及撰寫主軸選擇了和LIFO核心精神相符的「優勢管理」。市場上已有暢銷書《蓋洛普優勢識別器》，此本LIFO優勢管理的書有別於前者在於：此書架構相對的簡單易學但衍生性強，除了職業發展外闡述了更多的應用領域，也更為精準的給予讀者們如何發展優勢及解決問題的建議。

　　另外，有鑒於市面上心理測評流行，各類體系及類型琳瑯滿目，眾多喜好心理學的讀者們也已經學習涉獵了不少。希望借著這本LIFO書的問世，向讀者們展示出一個專業的心理學方法及系統，除了需要有大師的理論基礎外，還要有精細的測評架構及工具，也要有對個人成長有益的方法，如此才能彰顯出心理學科學應用的正面積極意義。

　　有關於這本書的合適讀者包含以下對象：一是給學過LIFO方法的學員作為個人進修輔助書；二是給引入LIFO培訓的企業作為內部的讀書會討論書；三是對於任何想管理自己優勢，讓自己更成功的讀者。即使你沒有正式參加過LIFO課程，裡面許多觀點及建議，會帶來很多啟發及助益。

　　最後，衷心期盼所有對心理學感興趣的讀者、心理學／企管／教育科系的老師及學生、市場上的心理諮詢師，及想發展心理諮詢師職涯的人，都能從閱讀這本書的過程中受益，都能看到一個深厚的心理學應用體系，是如何深入淺出地給予人們在生活與工作面向能力上的提升。也期待這本書

讓心理學知識的從業者認知到人的複雜性與多面性，看到人在不同情境與角色中的變化，以及能在各種境遇裡找到發展自己優勢的方法，讓人生得以更美好、更成功、更幸福。

LIFO®個人應用篇

目錄

LIFO®企業管理篇

致謝

感謝林雙桂先生（LIFO系統資深顧問／講師，曾任臺灣工研院總部人力資源發展主管）分享其人力資源管理的經驗與案例，並慷慨的提供我們改寫成相關的內容。

感謝朱文虎先生（LIFO系統資深講師，曾任中美史克製藥有限公司銷售大區經理、正大集團投資管理部副總）將其個人多年的銷售管理經驗提供作為本書〈銷售攻心術：知彼也知己，拓展自己的溝通力〉篇章的內容。

感謝敬愛的LIFO資深講師兼好友們：

葉微微女士（曾任鼎鼐企業管理諮詢〔上海〕有限公司首席執行長）

魏美蓉女士（美商韋萊韜悅臺灣區總經理）

劉艷玲女士（凱洛格諮詢集團資深講師）

王少輝女士（光輝國際全球高級合夥人）

林文蘭女士（中映電映文化股份有限公司負責人）

許主峰先生（五色石社會企業總經理）

郝姝穎女士（世臺管理顧問有限公司特聘顧問）等人提供精采的個人及組織案例

　　美國的陳孟萱女士及陳孟欣女士：對於LIFO在家庭及生活中的應用所提供的寶貴意見

　　若沒有您們的協助，此書無法完成，在此獻上最深的謝意。

　　感謝廖華淑女士盡心盡力的負責LIFO英文資料的翻譯及中文版研發，這些中文資料成為本書內容的重要依據。

　　最後也深深感謝這二十多年來持續支持我們，參與學習的眾多LIFO愛好者。在教學及學習經驗中，讓我們理解到LIFO方法對於學習者的價值，也能把大家所分享的經驗，融入到此書的應用篇幅中。

陳子良
柯嘉雯

LIFO的歷史：半世紀來的成功

　　1967年，LIFO測評正式被發展成為一個產品，來輔助組織發展和團體動力培訓。LIFO測評藉由研究彼此個人風格和長處的互動，幫助人們瞭解他們的行為偏好，以及如何自我改善，同時增進與他人的關係。

　　美國加州的艾特金（Stuart Atkins）博士（1923～）與凱契爾（Allan Katcher）博士（1926～2017），加上顧問波特（Elias Porter）博士共同開發了LIFO測評工具，來滿足各團體們的個人及組織發展的需求。LIFO測評奠基於下列各領域大師的理論：

　　佛洛姆（Erich Fromm）：闡述建設性和非建設性的性格取向，以及長處在過度使用時可能轉變成缺點。

　　羅吉斯（Carl Rogers）：以個人為中心的諮詢，探討人們思考、感受、表達和行事的一致性，衍生了關於LIFO意圖、行為和影響之間一致性的要素。

　　杜拉克（Peter Drucker）：目標管理的方法及技術都可以用在個人的長處管理上。

　　馬斯洛（Abraham Maslow）：自我實現理論和人文主義心理學。

　　LIFO推出後，學員一般都很滿意LIFO測評所顯示的結果，以及問卷上給予的解釋。他們也很喜歡能夠相互談論彼此的長處和行為風格，以便更有效地進行管理。學員在體驗過對他們行為取向的解析後，通常想進一步的知道他們能夠如何自我改善、又能如何調整行為。

　　於是，艾特金博士和凱契爾博士建立了一套（Life Orientations）方法，來輔助LIFO測評結果的分析，包括五項改善長處的發展策略：善用、結合、擴展、橋接、控制過當。

　　為了簡化和幫助記憶，使用了Life Orientations「人生取向」的縮寫，商標縮短為「LIFO方法」。艾特金和凱契爾博士很快發現到，LIFO測評和LIFO方法的需求超出他們的負擔能力，因此他們開始授權及更系統化的培訓講師，並開發教材以便深入學習LIFO方法。

LIFO在全球擴展

　　在美國，艾特金博士的LIFO客戶包括《財富雜誌》前500大企業、小公司、政府機構、宗教組織、大學和醫院。他把LIFO運用在管理培訓、團隊合作、個人生產力和溝通的發展策略。這些都統稱為LIFO培訓。

　　1977年，凱契爾博士將他的LIFO實務工作開始放眼國

際。受到杜拉克（Peter Drucker）的影響，他擴大了應用範圍，發展更多LIFO測評中的題目，使其適用於特定培訓主題，如銷售、領導力、高階管理培訓、團隊建設和組織發展應用。於是，LIFO方法得以涵括許多特定主題的測評，包括領導風格、銷售風格、教練風格、壓力管理風格和學習風格。

凱契爾博士在許多國家藉由委託代理商，將LIFO方法以多種語言推廣到30多個國家，並建立了一個以LIFO專家及代理商所組成的全球網絡。這個網絡每年在世界任一國家舉行年會，共同研究及分享LIFO的應用經驗。LIFO全球代理商皆是專業背景，不少也是心理學博士。40年來，這些全球各地的LIFO銷售者及服務提供者，也對於LIFO方法在各個領域的研發做出很大貢獻。

迄今為止，在全球已有兩萬多個組織、超過一千萬人使用LIFO方法和LIFO培訓。在西方世界，除了美國之外，LIFO方法最大的使用國家依次為德國、英國、荷蘭及比利時。而亞洲以日本為僅次於美國的最大的使用國家。它的代理商日本Business Consultants, Inc.（BCon）成為日本最大的管理諮詢公司之一，也成為LIFO品牌的全球版權所有者。

1992年，臺灣的陳子博士從凱契爾博士取得LIFO的中文版獨家總代理，除了中文版製作外，陳博士及其團隊把LIFO應用在組織發展、人才評價、團隊建設，及教練改變方面的

理論及授課形式，都有較先進的突破。而近年來，LIFO中文版在親子關係家庭諮詢、改善兩性關係、職業發展及中年職涯轉型等的應用研發，及透過遊戲及漫畫形式來學習，都居全球的領先地位。

兩個目的，三個問題：
人生困境的解決方針

　　同事表面和睦，背裡下絆子；和上司觀念不合，總覺得不受重用；永遠和伴侶重複的吵架，卻無法解決關係中真正的問題；被工作累得不成人形，回家後卻仍然煩惱小孩的教養問題，所有事情皆不順利，無論擔任甚麼角色好像都得不到肯定，不知道天分才華可以怎麼發展，不清楚辛苦拚搏為何都是徒勞，到底在社會能佔有什麼樣的位置……。

　　我們想要做自己，但卻也都不確定自己是誰；我們在乎個人發展，想要能夠過著發揮所長的生活；我們被鑲嵌在社會網絡中，扮演著子女、職員、領導、父母、伴侶等等多重角色，在不同身分的切換中，我們總是希望能夠盡善盡美，達到良好的溝通與對話，擁有正向的人際關係。

　　我們每天與家人、工作夥伴、朋友進行無數的談話，主要是為了兩個目的：

　　・心理需求：強化人與人的連結

　　・外部需求：解決與人相關的問題

　　就後者來說，無論在私領域中還是職場上，都至關重要。

　　許多難解的問題，都需要知己知彼，才可能達成共識。

　　這兩個目的無法達成，就會無限演化成各式各樣的難題，然而，即使有一百種不同的情境，**所有生命困境，簡化到最後，都要面對三大核心問題：**

- **缺乏自我覺察**：對自己認識過少，無法管理自身的長處與短處，進一步地無法儲備屬於自己的「發展燃料」。
- **錯誤理解他人**：陷溺在自己的觀點裡，缺乏客觀而有效的「認知框架」，導致無法清晰的理解他人。
- **失效的關係管理**：無法釐清自己與他人的「需求」，彼此經常「錯頻」，自然就無法建立品質良好的關係，也無法促成有建設性的溝通。

　　好消息是，本書要介紹的LIFO就是一套針對個體成長，同時兼顧群體協調所設計的理論。它同時解決三個問題，也達成了兩個目的。

　　LIFO全名為「Life Orientation」，也就是人生取向，意指個人內在的價值觀以及外顯的行為偏好。LIFO是一套具有嚴謹科學基礎與豐富實務經驗的方法，發軔自人格心理學、組織心理學與管理學。自六十年代問世以來，即為許多企業和政府組織所運用，在西方管理業界享有極高的聲望。

　　經過大量臨床案例驗證，LIFO歸納了「四大人生取向」：

- 支持／退讓（SG）：追求卓越
- 掌管／接管（CT）：促發行動
- 持穩／固守（CH）：維持理性
- 順應／妥協（AD）：享受和諧

每種人生取向，皆有著對應的行為風格與價值觀，依據此系統，能夠加深個人的自我探索，同時讓使用者擁有清晰的認知框架，更加精準的「識人」，它的結構清晰又容易應用，不僅上手迅速，還能從中領悟與各種不同風格的人相處、合作與共事的方法。

因此，LIFO在個人面與企業組織面皆有極高的應用性：

- 個人面：學習如何管理自己的才華，提升才能、改善人際關係。
- 企業面：提供「屬人的科學」，在職場人際、跨組織溝通、管理與領導、企業文化建立、組織發展與變革等方面提供許多方向明確的幫助。

LIFO系統著重理解與接納，肯定每個人的價值與獨特性，而非用單一的框架來評判個人才能的高低。**LIFO並非人格類型理論，不將人單純的分類或貼標籤，其問卷與相關評估呈現的是人的複雜性以及在相異的情境下展露出不同的行為，因此，重點在於瞭解個體的行為特性與其背後的價值觀，以及如何讓這些優點能更「適得其所」的發揮。**

人本精神的致勝法則

LIFO是甚麼呢？

一言以蔽之，具人本精神的問題解決方法。

LIFO是以行為改變為目標的一種取向／方法，它務實而高效益，不聚焦在探討行為偏好的成因，比較著重於結果。LIFO不討論過往創傷、人格養成或者發展經驗，它聚焦在現在，並在當下行為調整的基礎下著眼未來。換言之，LIFO著重在認知與管理，討論如何改善問題與發展優勢。

LIFO方法是由兩位心理學家艾特金博士（Stuart Atkins）與凱契爾博士（Allan Katcher）所創立。兩位皆是當今享譽全球的管理大師，也是美國管理顧問界的領袖人物。凱契爾博士擔任世界《財富論壇》五百強中花旗銀行、英國航空公司、西屋公司、全球公司等十多家公司的特邀顧問，曾被列入西方名人堂（Who's who）。

艾特金與凱契爾在創造LIFO理論時，並不只使用自身的學說，還依據佛洛姆（Erich Fromm）、羅吉斯（Carl Rogers）以及杜拉克（Peter Drucker）等國際級宗師的思想為基底，並輔以大量企業內臨床輔導案例建構而成。

LIFO 履歷書

· 於美國、英國、德國等西方國家及日本,中國等亞洲國家中,已有一千多萬人受到訓練。

· 美國五百大企業,半數以上都使用過LIFO。其中包括科技巨擘谷哥、微軟。此外,也包括學術殿堂哈佛醫學院及賓州大學的MBA課程。

· 在日本超過一百萬經理人接受LIFO訓練,日本航空、豐田等大企業已將LIFO方法列為員工晉升的必修課程。

· 在中文世界發展超過二十六年,於大陸地區、香港、臺灣,及新加坡等地訓練了數千家企業主管,服務橫跨了科技業、資訊業、銀行業、運輸管理業、地產業、醫藥生技、日用消費品、文教業、公營組織、非營利團體等多項產業。

LIFO系統傳承圖

佛洛姆
Erich Fromm

長處和缺點，
你不能只有其一。

德魯克
Peter Drucker

長處可以被管理
和發展。

羅吉斯
Carl Rogers

看中每個人的價值，
瞭解和接受他們。

凱契爾
Allan Katcher

企業可以把整體人才資源
的優勢，發揮到極致。

艾特金
Stuart Atkins

我們有很有效的方法來發
展長處，促進改變。

陳子良
Gary Chen

每個人都能夠學會，
如何在不同人生角色裡，
發揮建設性長處。

　　六十年代初，凱契爾博士及艾特金博士為企業做績效評估顧問時，感到當時評估方法的致命缺陷：評估者容易扮演「上帝」的角色，用一套貌似公正的標準去評判對方，而被評估者往往因為覺得自尊心受到傷害而產生抵觸情緒。

　　他們認為有必要重塑一套探索自我與瞭解別人的工具，使人們順暢溝通，並最大限度地發揮人在工作中的潛能，開創個人和企業組織發展的新境界。

　　因此，LIFO的兩位創立人參考了人本主義、個人中心諮詢心理學派宗師羅吉斯對諮詢與學習方法所作的思考，用接納與理解來取代批判，以此激發受評估者的自我洞察與行為改變，有效避免受評者對評價產生自衛性的反感，同時提升訓練的動機與效能。

　　除此之外，LIFO核心架構師法了人本主義哲學大師佛洛姆的理念。佛洛姆在他《為自己而活》一書中說了一句意味深長的話：「我們的缺點往往只是我們長處的過度表現。」

　　換言之，人的缺點，其實與長處是一體兩面。

　　LIFO系統中的關鍵性觀點由此產生：一個人事業成功與否，取決於他能否管理自己的長處。人才要達到預定事業目標，最核心的問題在於，如何運用自己所擁有的長處。當他良好的使用長處時，會為自己創造工作上的成就。相反的，當他過分運用自己長處時，就容易演化成旁人看來所謂的缺點。

　　另外，LIFO的管理哲學亦受到管理學宗師杜拉克《管理實務》一書的影響。杜拉克認為，管理不只是一套技巧，也是一種態度。管理各種資源的「管理者」應該選定目標，朝向目標不斷前進，並在未能達到預定成果時改變或調整努力方向。此種方向性明確、又能自覺調整的管理方針不僅可以運用在工作上，也可應用在任何人生大事上，如健康、快樂、家庭關係和財富等。佛洛姆和杜拉克思考的問題殊途同歸地處理人如何確立目標、管理才華，以便將才能最大化發揮。LIFO就是根據這一人生哲學觀而衍生出的實操方法。

　　經過凱契爾及艾特金兩人數十年的探索和實踐，LIFO系統日趨完善成熟。如今，在心理評價工具大量發展的今日，仍維持其歷久不衰的獨特地位，並在全球被廣泛運用。

扭轉人生，
你不需要改變自己的天賦本質！

　　我們都想成為更好版本的自己。我們都嚮往改變，但又不確定哪一種路徑才適合自己。發揮個人潛能的關鍵並不是模仿他人、抹煞自己的天賦才華，而是掌握自己的人生取向。

如前所述，LIFO的核心概念為：

‧**一個人的缺點，只是他的長處使用過當。**

‧**長處與弱點是一體的兩面，共存在每個人身上。**

我們大部分的人都有一種傾向：依附並過度使用慣性模式。因為慣性很安全，慣性是我們的舒適圈，它是我們根據以往經驗所歸納出來的效益行為。

然而，水能載舟亦能覆舟。你所擅長的，可能讓你飛黃騰達，亦可能讓你一落千丈，端看於你是否過度依賴過往的成功經驗，並濫用了自己習慣的行為風格。

舉例而言，完美主義讓你總是把每個經手的專案當成自己的作品，交出的成品永遠是最佳品質；不幸的是，在這個加速度巨變的世界，顧客未必有時間等你十年磨一劍，當你追求卓越的達到自己的標準時，早已趕不上市場的汰換機制。

若要讓自己更上一層樓，有建設性的作法並不是費力的改變自己的取向，而是「以瞭解為前提」找到從前行為模式的盲點，進一步努力來管理長處。

對自己如此，對他人亦如是，在LIFO人本精神架構下，每個人皆遵循自己的「原廠設定」，不需特意改正，但又尊重互相的差異，以公約數進行協商溝通。

LIFO提倡溝通的黃金定律

用別人喜歡被對待的方式來對待別人

這個定律對建立良好合作關係、有效的溝通模式，乃至應用在人資管理，都是多贏。畢竟，最有效的對話，就是頻率相同的談話。

然而，當你與他人風格相似時，一切好辦，但若你與對方大相逕庭時，又該怎麼找到能夠彼此「橋接」的方法呢？

這就是LIFO的精妙之處，它以四大風格作為基準，教你如何釐清自己的需求、判斷對方風格，在交談時給予對方所需要的信息（而不只是你想傳達的），並讓每次的互動，雙方需求皆得到照顧（詳情請見後續章節）。

四種風格，知己知彼最佳心法

LIFO系統根據佛洛姆的四種性格原型，發展出四種人生取向與相應的價值觀：

1.支持／退讓（SG）

2.掌管／接管（CT）

3.持穩／固守（CH）

4.順應／妥協（AD）

1.支持／退讓（SG）：SG風格是正義的完美主義者。

價值觀為「卓越」，在意如何做一個有理想並且卓越的人，需要意義感、在意正直與公平。有興趣幫助他人發展與成長，最主要的行為目標為：**「證明價值，有助於人」**。

偏好SG行為風格的人若進入團體，會認同集體的目標與價值，為促進共同的福祉而努力不懈。

他們心中有一把對於理想的量尺，希望自己與他人能達到標準，不達到目標通常會幻滅、自責並產生罪惡感。此種行為風格呈現的人生哲學為：**「如果我藉由努力工作和追求卓越來證明我的價值，就可以實現我的目的。」**

Ⅰ.長處（支持）：為人著想、具理想性、謙虛自持、信任他人、為人忠誠、樂於助人、接受性強、回應性強、追求卓越、願意合作。

Ⅱ.過當（退讓）：否定自己、不切實際、自我貶抑、輕信人言、一片愚忠、過度關照、被動等待、過度投入、完美主義、屈從對方。

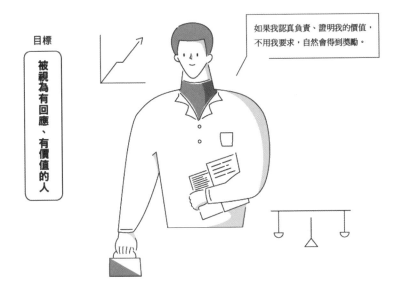

支持／退讓（SG）：
SG 風格是正義的完美主義者

2.掌管／接管（CT）：CT是有強烈行動力的急驚風。

價值觀為「行動」，偏好CT行為風格的人，最重視的是如何讓事情按照他想要的方式完成，而且要迅速。

最主要的目標為：「展現能力，取得成果」。

他們對自己的能力具有信心，相信透過努力與掌握情勢，可以得到應得的成果。在意事情要打鐵趁熱的完成，享受決策與主導的快樂，偏好身兼數職，在意個人的能力與責任。

CT風格所顯露的人生哲學為：「**如果我藉由展現能力和把握機會而取得成果，就能獲得我渴望得到的一切。**」

I.長處（掌握）：擅做指示、迅速行動、具有自信、求新求變、說服力強、強勢作風、競爭性強、勇於冒險、堅持主張、急迫性強。

II.過當（接管）：操縱別人、衝動行事、態度驕傲、缺乏定性、扭曲事實、強制脅迫、鬥爭性強、富有賭性、高度施壓、缺乏耐性。

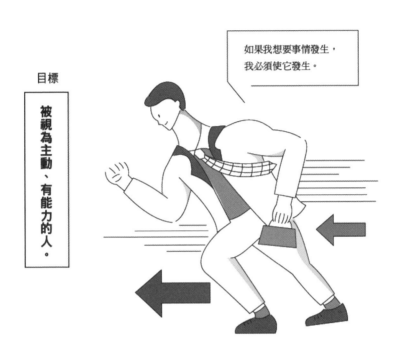

掌管／接管（CT）：

CT 是有強烈行動力的急驚風

3.持穩／固守（CH）：CH是穩定可靠的風險管理者。

價值觀為「理性」，偏好此風格的人關心如何用客觀理性且周詳的方式穩扎穩打的把事情做好，他們在乎盡量減少損失而非增加所得，擅長用分析、計畫、系統和常規等方式減低風險，他們小心、謹慎、具備良好的組織與系統化習慣。在意計畫以及如何使用現有的資源，經濟效益最高的把事情完成。

主要的行為目標為：「**行事穩健、具有把握**」，CH風格所彰顯的人生哲學為：「**如果我能三思而行且物盡其用，就能累積資源，進而達成我的目標。**」

Ⅰ.長處（持穩）：遵循程式、務實作風、精打細算、深藏內斂、根據事實、堅毅不拔、思考周密、講求方法、擅長分析、穩健行事。

Ⅱ.過當（固守）：墨守成規、缺乏創意、吝嗇小氣、難以溝通、受限資料、固執到底、過度詳細、緩慢進行、吹毛求疵、過於小心。

持穩／固守（CH）：
CH 是穩定可靠的風險管理者

4.順應／妥協（AD）：AD是長袖善舞的社交人才。

價值觀為「和諧」，AD風格最基本的關注是希望別人欣賞和喜歡自己，很希望能被包含進團體和活動中，對他人的情緒與需求很敏感，喜歡和團體一起，覺得新關係的挑戰令人興奮，也知道自己一旦瞭解他人，就能對他們造成很大的影響力。

AD風格將協商與應對他人做得爐火純青，視生活為與人互惠的過程，對交友、溝通、合作都保持極大的開放性，在遇到衝突或無法取得共識時，也會儘量取得雙贏的可能。

AD風格的行為目標為：「**認識別人，融洽相處**」，主要人生哲學為：「**如果我關注別人並先滿足他們的需求，就能使我的需求也得到滿足。**」

Ⅰ.長處（順應）：彈性作風、樂於嘗試、善於應對、為人熱忱、靈活應變、順應性強、擅長交際、協商談判、言詞幽默、善於調解。

Ⅱ.過當（妥協）：前後不一、漫無目的、阿諛奉承、過度熱絡、遷就討好、沒有定見、巧妙操弄、輕易妥協、言語輕佻、掩蓋問題。

目標

被視為讓人欣賞、受歡迎的人。

只有先滿足別人的需求和感情，我才能期待得到酬賞。

順應／妥協（AD）：
AD 是親和力強的社交高手

LIFO®行為風格自我檢測

1. 請閱讀所有內容，不要過多考慮，根據自己情況來回答。

2. 請設定一般普遍的情況來回答，不須以特別的角色（例如主管、父母）來回答。

以下5欄共20個描述，請從各欄中勾選出2個較能描述你的句子，共勾選10句：

1. ☐ 我喜歡做事能力求完美，不計較投入的心力。
2. ☐ 我喜歡主導目標的設定及事情的發展方向。
3. ☐ 我會依賴數據、分析、與邏輯來做出決定。
4. ☐ 我善於營造周邊人群的愉悅及和諧氛圍。

5. ☐ 我自己行動迅速，也能促使別人配合行動。
6. ☐ 我會列出論點的利弊得失及可選擇的方案。
7. ☐ 我能敏銳覺察別人的情緒，並適當的應對。
8. ☐ 我希望自己能完成一些有理想性及有益眾人的事情。

9.□ 我善於規避風險，事先考慮各種應對方式。
10.□ 我能運用彈性的作法來滿足別人不同的需求。
11.□ 我通常會先相信別人所說的話而不懷疑。
12.□ 我喜歡面對富有挑戰性的情況，並努力克服。

13.□ 我能和各種人相處及融入各種團體中。
14.□ 我喜歡遵循自己或社會普遍的道德原則來做事。
15.□ 我善於看到並把握新機會，或開創新的機會。
16.□ 我喜歡遵循過往的成功經驗，及既定的程序與制度。

17.□ 我會為別人著想，把別人的需求看得比自己的更重要。
18.□ 當我需要面對競爭情況時，能激發出更大的動力。
19.□ 我會先規劃步驟及細節後，才採取行動。
20.□ 我樂於接受或嘗試新的構想與作法。

　　將你所勾選的句子，對照下面各個風格的答案，把數目加總起來，填入下表相應的風格欄位，數字最多5，最少0：

組別	SG （支持型）	CT （掌握型）	CH （持穩型）	AD （順應型）
總勾選數				

註：這並非LIFO完整的問卷形式，僅用來簡略瞭解自己傾向於何種LIFO風格

【解答】

SG支持型	CT掌握型
1，8，11，14，17	2，5，12，15，18
CH 持穩型	AD 順應型
3，6，9，16，19	4，7，10，13，20

全方位的自我解析：
順境／逆境、意圖／行為／影響

　　LIFO方法並不只單純的把人類型化成四種風格，而是用這四種取向來描述每個人的獨特性。也就是說，每個人都有這四種風格的組合，只是對各種風格的偏好程度不同而已。例如，22歲的社會新鮮人Kim，主風格是CT，次風格是CH，那她在職業的衝刺期，會比周遭的同儕都更有爆發力，願意挑戰與開發新的任務，但在冒險之前，她總是會先找大量的資料，做好充足準備。相對來說，她的SG與AD風格就比較弱一點，因此，她顯得不近人情、喜歡單打獨鬥更甚於團隊，也比較不知道如何與同事打成一片。

順境／逆境：相異情境下的不同表現

此外，每個人在不同的情境也可能表現不同的風格行為。當我們在順境時，可能會依循過往成功經驗而有特定的行為表現。反之，當我們身處逆境，面臨壓力和遭受挑戰時，很可能會因防衛而產生另一種應變的機制。

以Merlin為例，當他處在順境時，最偏好風格為CT，而當他處在逆境時，CT的分數降低、原本不偏好的AD風格攀升。由此可見，當事情在Merlin的掌握之內時，他通常充滿信心、行事快速，並且對周圍他人較為強勢。然而，當事情超越Merlin能力範圍，讓他感覺到挫折與壓力時，Merlin原本高漲的氣焰會迅速萎縮，他會變得較容易妥協、很在意他人的認同，甚至可能會為了討好他人而放棄原本的堅持。

逆境的風格轉變是個人經由過往經驗的學習結果。順境與逆境的風格差異，通常很精準地呈現一個人面對困難與挑戰時的狀態。LIFO分析師能從順境與逆境的個人評量結果來看出受評者在面對不同境遇時的行為轉變、防衛反應、過當行為以及改善方法。

意圖、行為、影響：
觀察個人風格一致性程度的重點

　　除了順境、逆境之外，LIFO方法的架構還有**意圖**、**行為**與**影響**的區隔。

　　意圖指的是個人所希望能達成的目標，行為則是實際的作為，影響則是做出行為以後的有效性（或是從他人眼中對個人的看法）。當這三者間的落差越小，代表個人從目標到結果的一致性越高。而當這三者落差大時，就代表結果超過或不如預期，而這種不一致的現象，也反應出一個人的溝通效能問題，及內在不舒適的程度。

　　LIFO方法特有的評量問卷可以從分數來檢視。舉例而言，Agnes最偏好的風格為CH，她在順境時，CH風格的意圖／行為／影響分數分別為5、9、12。這代表當她一切順利時，她並不太願意用嚴謹無誤而客觀的方式來處理所有事情，然而她卻採取了較多相關的行動，而最後的結果不僅發揮更高的CH理性特質，也更讓周圍的人認為Agnes就是一個做事謹慎，實事求是而不為人情所左右的人。這種不一致情形對每個人都是很普遍的。對LIFO方法的深入學習後，可以降低不一致而產生更正面的溝通效能。

最全面的診斷：LIFO問卷解讀實例

一言以蔽之，以LIFO方法來自我瞭解，是基於以下三種要素：

- 四種不同的行為風格及其組合
- 順境／逆境
- 意圖／行為／影響

四種風格及其組合呈現了個人行為取向的獨特性。順境／逆境的要素可以檢視個人在環境變化時的改變。意圖／行為／影響則分析了個人從內在意願，到外在行為，及到實際的成果之間的差距。

LIFO方法中的評量問卷，可以產生如下對人的解析報告：

順利情況：最偏好的風格與長處組合

	SG 支持／退讓	CT 掌控／接管	CH 持穩／固守	AD 順應／妥協
意圖	9	4	9	8
行為	10	6	7	7
影響	10	6	8	6
總分 90	29	16	24	21

不順利情況：最偏好的風格與長處組合

	SG 支持／退讓	CT 掌控／接管	CH 持穩／固守	AD 順應／妥協
意圖	6	8	7	9
行為	12	7	4	7
影響	10	9	5	6
總分 90	28	24	16	22

　　這是Adam的LIFO分數，他是30歲的中階主管，在順境時，Adam的主風格是高達29分的SG，次風格是24分的CH，最不偏好風格則是16分的CT。這代表他喜歡團隊合作，也擅長為團隊找到有理想性的共同目標，工作盡心盡力，做事謹慎而小心，當事情都運作順利時，偏好不急躁、用比較緩慢但是紮實而有品質的方式做事，管理方針則採取尊重、誠懇的態度，較不傾向使用上對下的方式來壓制部屬。

　　然而，當面對逆境時，Adam採取的策略產生了很大的轉變，他的CT分數從16提升到24，CH卻下降到16，代表在壓力情境下，Adam會捨去自己原先穩健、減少冒險的做事方式，而轉為較快速的決策、較強勢的管理方式，並減少自己的資訊分析，以較符合時間效益的方式展開行動。

而問卷上的**意圖、行為、影響**三要素，給予受評者完整而精密的「**一致性確認**」。

舉例而言：Adam逆境情況下，SG風格的意圖分數為6、行為分數12、影響分數10，三者之間具有一定程度的落差，尤其座落在意圖與行為之間。

這通常代表當他遇到逆境時，想要降低原先完美主義的標準，並改變原先以團隊共同利益為優先的態度。然而，雖然理智上是這樣期望，Adam的實際作為卻是比以往更加賣力、自我犧牲，並且對周遭的人也採用嚴格的標準來鞭策與要求，最後的成效也比較符合他所投入及所展現的行為，但仍然和其意願有落差。簡單來說，Adam雖然在逆境時企圖降低SG的行事風格，轉換其他更有效的風格，但因為原來偏好的SG風格慣性，還是讓他投入很多為了追求品質的努力。

順境與逆境、意圖／行為／影響之間的相互對照，提供了很全面的解析。讓個人並不只是被歸類成「某種典型」，而能夠看出更複雜動態的行為模式，照見自己在不同境遇下的傾向，透過對不一致的覺察，使其能夠時時刻刻診斷自己的思考、作為與結果該如何有效的達到同一性，並從中探索出改變的方法。

不同情境與角色的風格變化

　　LIFO應用範圍極廣，就個人面而言，主要的核心在於個人諮詢及行為改變。從自我瞭解、學習長處管理至對外溝通技巧的改善著手，全方位的處理工作績效、人際關係、兩性關係、親子關係、生涯發展以及壓力管理等問題。

　　就組織面而言，從上級對下級的管理與領導、人力資源相關的甄選／人才培訓、才能管理，乃至整體團隊的組建，及企業組職的發展與變革，皆能進行深入運用而有效。

　　由於個人會從經驗中學習，隨著情境及社會角色不同，採取不同的風格組合。在LIFO的深入應用中，設計出不同的風格問卷，來讓個人及組織可以更針對性的評量及診斷。而透過多方位的評量，更顯示出個人行為的複雜性，而非被定性為只採取哪種風格長處。

　　目前LIFO系統共有十多種評量問卷與相對的應用學習內容：

1. 基本人生取向問卷：自我覺察、長處管理與長處發展、生涯轉型。
2. 他人風格問卷：360度透過他人反饋的探索、提供改善建議。
3. 領導風格問卷：提升個人影響力及管理績效
4. 銷售風格問卷：雙贏銷售——提升銷售能力。

5.談判風格問卷：增進談判能力。

6.學習風格問卷：確認有效學習模式及增進講師培訓成效。

7.教導風格問卷：提高教練技術、引導個人改變。

8.壓力管理風格問卷：瞭解如何應對壓力，學習壓力管理的成功模式。

9.團隊風格問卷：診斷團隊運作的優勢、實行團隊的管理與發展。

10.組織文化問卷：企業文化優劣勢的探討與塑造。

11.兩性風格問卷：婚姻關係管理及兩性交往互動。

12.親子教養風格問卷：親子關係的管理與提升

13.青少年風格問卷：輔導青少年發揮優勢，建立自信及獨特性。

LIFO方法能夠歷久不衰，就是因為它能同時協助個體與集體的進步發展。

個人層次而言，它協助個體自我覺察與理解他人，釐清自己的優勢、長處與短處、轉變慣性的思維與判斷、採取適當行為，讓自我的行為風格取向在公私領域都能得到最好的發揮。在自我培訓的角度，LIFO方法可以有效地加強溝通與合作的技巧、幫助自我成長、提升團隊貢獻，並讓個體找到最好的職業發展方向。

就組織的位置而言，LIFO方法幫助企業甄選合適員工與

員工訓練，也能夠提升管理績效、協助建立團隊合作模式、研擬最符合經營團隊優勢的組織戰略、並解決企業發展與變革管理問題。

LIFO方法的優勢

優勢1：強調個人可改變與發展的長處

有別於市面上很多偏人格測評的工具，LIFO方法更強調個人行為的可變性，及行為風格中優勢及長處的可發展性，因此兼顧了對個人的評量及發展。

心理學家發展出很多人格心理評量的問卷，像是知名的16PF、MBTI、五大的人格量表、九型人格等。這些系統關注的問題都在「人較穩定而不變的特質」，尤其隱含在外表底下的氣質、性格與內在特徵。

這些測評應用在企業內的效度主要在於職業與職位的匹配度，也就是說，企業的培訓部門會使用這些測評結果來判斷受評者的人格傾向、潛質，並採取適當的人事決策。換言之，測評工具的傳統意義是對人理解的資料基礎，而非提升績效的工具本身。畢竟，心理測評往往只是幫助瞭解個人，而非為了受評者的訓練與發展。因為後者涉及了較困難的行為改變過程，一般的測評工具並無法兼顧到改變及發展個人

優勢的目的。而若要讓這些傾向於人格測評的工具延伸出更多的應用，需要仰仗專業的使用者。若非專業的心理學家，很容易操作不當，導致「定性」、「誤用」與「貼標籤」的狀態，導致對人的評價受到負面的誤導。

優勢2：從個人風格的解析到團隊與組織的診斷

此外，不同於很多心理測評局限於個人層面的應用，LIFO的風格架構，除了對個人的解析外，還可以轉換與用在團隊及組織發展上。我們往往採用不同的理論架構及工具來發展企業員工及組織的優勢。這兩者的理論根源不同，前者來自心理學，而後者根據管理學及組織學而來。然而所有的組織都是由人所構成，要幫助企業經營成長或組織的發展，關鍵的解決方案也需「從人著手」。

同樣的四種風格類型，同樣的測評解析問卷結果，可以高效的檢視任一團隊風格的優勢，也可以診斷企業的優勢文化。讓企業內建立共通語言來促成改變，提升個人及組織的績效。在後面的企業應用篇章，可以有更多的理解。

優勢3：測評與培訓一體，充分發揮效能

LIFO方法也是少見的「測訓一體」系統，讓評測結果能

夠真正落實到與提升工作績效相關的行為改變。

傳統的培訓花費時間長，多重視集體知識的學習，同時也容易有訓練方法缺乏針對個別差異的問題。LIFO則恰好相反，由於它的測評結果本身就是「處方箋」，可以引導到對學習者更為個性化的長處發展策略，因此，可以在相對短的時間內做出行為改善，並且是針對個人進行對症下藥的改善。

長處發展策略：「測訓一體」的個人化培訓

提升績效：長處管理與長處發展

LIFO方法實踐的核心在於：如何管理長處？又如何讓長處能夠最大化發展？就像前面一再陳述的，LIFO的哲學在於：長處與缺點的兩面性。

因此，受評者／受評團隊／受評企業要變得更有效益的關鍵在於：「不要受限於缺點，而是在長處上著力，並防止其運用過當。」換言之，不需要把精力花在「否認自己的狀態，試圖改變自身本質」上，而是要學習如何自我釐清，避免濫用習慣的行為模式，並善用目前已有的長處優勢。

如下圖顯示：

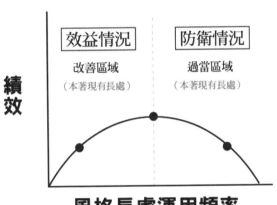

績效與表現曲線

效益情況	防衛情況
改善區域	過當區域
（本著現有長處）	（本著現有長處）

績效

風格長處運用頻率

　　長處發展績效曲線說明了我們的表現因長處完全發揮而逐漸提升，但若不斷運用長處超越某個點時，績效便開始退步，因為我們過度使用偏好的長處，導致其過當。讓現有長處最大化發展，但同時避免過度使用，這便是長處管理與長處發展的概念

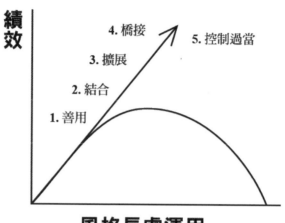

然而，若要全面性的提升在工作上的表現，勢必會牽涉到與他人的合作與協調，而這方面就和LIFO方法中的「組織心理學」與「人際關係學」面向有關。

在LIFO系統裡，強調五個重要的致勝策略，這五個策略不僅針對個人的績效提升，也聚焦在如何有效且順暢的溝通。

1.善用：善用是比較個人化的階段，它的重點是深度自我覺察，找出並欣賞自己的長處、風格與獨特性。不為自己不是某種類型而怨嘆，在目前的情況中，選擇適當的情境，自信的運用長處。

2.結合：找出與你共事者的長處和風格，尤其是長處和風格與自己相異甚大者。運用不同的長處補足自己的盲

點，達成較佳的決策，並減少偏見。結合的意圖是達成雙贏，讓彼此的差異能夠成為良好的激盪與互補。

3.**擴展**：在低風險的情況下試用自己最不偏好的風格，進行風格擴展的練習，並逐漸增加機會運用自己最不偏好風格的長處。擴展是橋接的重要基礎，首先要能夠擴展自身的風格，才有機會可以與他人互相調整。

4.**橋接**：找出別人最偏好被對待的方式。根據他們的偏好，調整自己對待他們的方式。換言之，跨出自己原先的偏好風格，學習如何針對他人的行為風格來進行溝通。

5.**控制過當**：控制過當即是自我反省。深度自我覺察過當的行為及情境，找出何種狀況，他人的何種反應會引發自己過當的使用長處，學習控制過當並矯正其成因。

假如你充分瞭解LIFO的五大策略，就會打下良好的基礎，終身演練這五個策略，將協助你更好的掌握自己的命運。無論對個人發展、職業生涯規劃、學習目標、家庭關係，或甚至是職場的各種人際與合作狀況，都有很好的幫助。

本書將會依據不同的主題，透過實際案例來闡述這五大策略的使用方法，讓你能夠在各種生活與職場情境中，找到最切身的應用方式，更進一步的扭轉人生。

國際的理論，本土化的實踐

　　LIFO的中文化，是由世臺管理諮詢公司的首席顧問陳子良先生負責。陳子良是美國科羅拉多州立大學工業組織心理學博士，曾任美國人事決策國際公司（PDI）及數家管理諮詢公司專案顧問。專精領域包括：人才評鑑與發展、高管個人諮詢、管理團隊建設與發展、經營戰略規劃、企業組織發展、組織創新、跨文化國際管理等。由於陳子良博士本身深厚的相關領域背景，因此LIFO的翻譯、中文化與在地化，皆有著嚴格的專業把關與品質保證。

　　LIFO引進到中文世界時，陳子良博士觀察到東西方的文化差異，認為許多行為表現，會依據文化脈絡而有不同的意涵，因此，在判讀受評者的狀況時，應當同時考慮文化情境，才能更貼近也更精準的解讀。在這樣的考慮下，陳子良博士花了二十五年的時間研究，據其經驗與體悟，發展出了具中國特色的LIFO版本。

　　首先，就LIFO的學習層面而言，西方重視主動／行動學習，講師的角色比較像是引導學習者，而非授課者，學習模式在於激發學員自行應用，促成個人化的分享其心得及意見。反之，東方比較強調以講師為主的學習，學員在乎講師的專業與深度，並期望跟從講師來學習，學習模式在於傳授與聽講，及更多案例的說明及小組討論分享。

因此，當LIFO進到中文市場時，課程的進行方式便有所調整，從根據學習手冊來大量自主討論的工作坊，演變成高密度的理論架構講解，輔以個人諮詢指導及實際案例應用與演練。

再來，就LIFO本身的運用而言，此系統最開始是以個人培訓發展為主，但在多年的在地化經驗下，針對中國市場特色，發展出了團隊建設、跨部門溝通、組織變革、組織發展、組織文化與戰略等深度連結，加強在團隊上著墨與組織應用。在近年來符合市場需求的LIFO親子關係工作坊，也視家庭為團體，讓家庭成員互動更為深入而融洽。

也因此，此書分成三大部分：LIFO基礎介紹篇，、LIFO個人應用篇及企業管理篇。由小而大，個體至群體的主題皆包涵，讓讀者能夠自行選擇對自己適用的部分，或有興趣的篇章，來進行理解與閱讀。

LIFO是一套容易學習、具高度理論基礎，並且應用範圍極廣的方法。其博大精深的起源，再加上超過半世紀的發展歷史及中文化，已經成為一個很成熟而有效的才能發展及組織發展的工具及系統。

LIFO方法，值得每個人一生中必學，也值得每個人終身學習。

期待各位經過學習這套系統，為將來的挑戰做更好的準備，掌握職業生涯並擁有生命的幸福感。

LIFO®

個人應用篇

人際關係從理解開始

　　職場的人際關係管理，是一輩子的功課。談及人際關係的改善，時常聽到幾種常見的解決方式：注重儀態、談吐得體、幽默風趣、善解人意並且懂得拿捏人我距離。然而，這些幾乎像是人際關係法則的提醒，主要都聚焦在外在的行為模式，而沒有根本性的從內在來照見問題根源，因此經常是知易行難。

　　人際關係就像是一面鏡子，意即，當你不斷的遇到糟糕的人際互動，通常反映的就是你內在的偏見與恐懼。當你對同事、合作夥伴、上司甚至整個職場環境都帶有情緒與抗拒，就像是鏡面蒙上了一層灰霧，無論對方如何作為，都無法讓你內心舒坦；連帶的，也就讓彼此的關係產生陰影。

　　Nancy是一位SG風格的報社編輯，負責旅遊線相關的審稿。在她的報社，記者們不需要打卡上下班，只要按照進度提案、採訪撰稿與配合攝影製作動態新聞，便能久久進一次公司。由於記者擔任「生產者」的角色，報社整體的氛圍重記者輕編輯，記者比較有話語權，但他們也時常混水摸魚、拖延截稿時間、僅僅電訪而不到現場，並交出東零西落且需要Nancy重頭校正的稿件。儘管紙本媒體已然沒落，報紙副

刊的觀看率早已不如以往，但Nancy還是恪守本分，做好自己螺絲釘的角色，每日加班到深夜、動不動就錯過末班車，讓Nancy常常一邊覺得人生缺乏意義感，一邊充滿了對記者群的憤恨之情。

　　某一天晚上，Nancy為了趕上隔天送印的進度，她熬夜把報導裡內容錯誤的地方揪出來直接修改，然而，隔天到公司，卻被一位性格強勢的記者劈頭教訓：「你為甚麼擅自改我的作品。」Nancy非常憤怒，但她的行為風格讓她沒有直接反擊回去，而是自己默默生悶氣。SG風格的她高標準卻又缺乏自信，讓她深受公司現況的折磨，即使理智上知道編輯的角色非常重要，但潛意識裡卻開始對自己的位置產生缺乏安全感，連帶的也就喪失鬥志，產生了編輯在報社就是比較沒有底氣的「受害者思維」。於是，她開始以「消極抵抗」的方式來應對與記者的溝通，不再精細的修正，讓稿子直接到主管那裡，使主管看見記者們的原稿充斥著漏洞。這種狀況基本上癱瘓了審稿正常的程序，對他們的部門乃至Nancy自己的職業都深具傷害性。

　　從以上的案例我們可以看到，人際上的問題，時常影響了工作效能。Nancy遇到的問題和兩個部門之間本身的緊張關係有關，但更多源自她所採取的溝通方式，以及面對人際關係時受限於既有框架、採取退縮以及被動式攻擊（Passive Aggressive）的本能回應。

人們可能會在工作過程中，觀察到同事的各種不敬業、頑固、自私等缺點，當越把注意力放在這些「對方的失誤」上時，兩人之間更容易形成僵硬的對抗關係，而不可否認的是，Nancy自己也需要對這樣的困境負部分的責任。因為她產生了情況不可逆轉的定見，而不願意進行溝通的嘗試，同時，她也耽溺在自己的委屈裡，而沒有試圖去理解記者的立場，也沒有去真正釐清記者究竟在抗議的是甚麼。若要避免問題重演，並從這種逃避卻又不愉快的情緒中解脫，那麼，是時候調整觀點，並改變只使用單一方法處理問題的慣性了。

LIFO的核心即是處理人際關係問題，它讓使用者能夠深度自我覺察，知道自己的偏好風格與此種風格的長處；同時還能讓使用者更加理解他人，以理解為基礎的進行合作，進而改變工作關係。LIFO方法以心理學為基底，分析不同的行為風格，讓人們能夠學習如何看見各式各樣不同行為背後的「價值觀」。

也就是，讓人們理解，其實很多你以為的衝突、爭執與不合，是來自價值觀的相異，而不是來自雙方本身的恩怨私仇。

若沒有建立這樣的認知，便很容易遇到意見相左就認為：「別人為甚麼這樣？」「他是不是針對我？」「他是不是在否定我？」換言之，很容易把別人的外顯行為判斷成他

人對自己的好惡，或者對他人的性格進行本質性的批判：
「他只想要踩著別人往上爬」、「他只顧自己，不顧整個團
隊」「他神經質配合度又低」等等傷害感情同時有失公允的
評判。這些情緒性的語彙都忽略了真正的關鍵：他人之所以
會做這樣的事情，是因為他有和你不同的價值系統。

若要改變這樣的情況，要掌握循序漸進的三大原則。

一、**提升自覺**：對自己風格組合的認識和瞭解，可以提
供發揮自己長處的堅實基礎。研讀LIFO的風格描述，看看是
否能掌握個人偏好風格的特性，並加以發揮相關長處。讓一
起共事的夥伴感受到你的特長，讓周遭的同事知道你適合的
分工與角色，並且隨時留意不要做出過當的行為，以便維持
合作的順暢。

二、**瞭解他人**：在團隊內分享LIFO解釋並和他人討論其
意義，有助於讓大家在不具防備性與威脅性的情境下欣賞彼
此的差異。你可以用以下的方式開展對話：「你對我的看法
是這樣嗎？」「我甚麼時候讓你覺得還不錯？」「甚麼時候
對你而言我表現的適得其反？」「我們如何才能更加善用彼
此的長處和才能？」以及「相互討論完以後，哪些問題我們
能夠以不同的方式處理？」

在日常的應用上，學過LIFO方法後，更能夠看得出對方
的偏好風格與背後代表的核心價值，因此在溝通上更能掌握
到如何與相異風格者「橋接」並共處的祕訣。

三、建立彈性的相處模式：LIFO可以協助你辨識出各種情境裡自己與他人會採取的偏好風格，以便彼此能更好的處理風格歧異與誤解衝突。

就風格歧異的協商而言，人在某些人際關係裡會感覺很順暢，而在其他人際關係裡難免有不合的情形，瞭解為何如此、釐清這是個別價值觀差異，並且知道如何與不同風格偏好者相處融洽，可以使自己擴展和各類不同的人相合的舒適圈。

LIFO的溝通黃金定律

自小我們被教育「你們希望別人怎麼對待你們，你們也要怎樣對待別人。」但並不是每個人都想要被以同樣的方式對待。

如果學會配合別人的風格來傳遞訊息，你可以更快、更清楚和更有影響力地與人溝通。

也就是，與他人溝通時，建議採取**LIFO方法的溝通黃金律：用別人喜歡被對待的方式來對待他們。**

有效溝通：與不同行為風格者「橋接」

LIFO方法所說的「橋接」有三大步驟：

一、找出別人所偏好的被對待方式。

二、根據他們的偏好，調整對待他們的方式。

三、請別人調整他們對待你的方式，使自己能更有效的發揮風格長處。

步驟一與二，強調的是釐清對方偏好的行為風格，並選擇以「投其所好」的方式溝通。步驟三則是在建立了信任關係以後，進一步的要求對方也用你喜歡的方式來對待自己。

四種風格偏好的溝通方式

若對方偏好支持／退讓（SG）風格，那在經營關係時，態度要足夠尊重，要能夠接納SG的想法、對他們的需求給予再三的保證，並且強調共同的理想。SG通常樂於助人，因此，溝通時若讓他們感覺到「需要你的協助」、「你的幫忙對大家而言很重要」，那他們通常會很願意投入。

若對方偏好掌握／接管（CT）風格，那儘量不要婆婆媽媽的讓他們不耐煩，要讓CT覺得你步調迅速、態度積極。在溝通時，要讓CT覺得他接下來要做的事情充滿了挑戰性，讓

CT感覺自己被賦予了一個深具發展空間的機會,並儘量「授權」與提供資源,讓他們能夠大展身手。

偏好持穩╱固守(CH)風格的人,比較傾向內斂保守。要與他們維持良好關係,不能用很情緒化、帶有大量情感索求的方式來對待他們,反之,要以冷靜而務實的態度與之交流。在溝通時,要根據事實說話,強調實用性,不能隨興或者草率地發言,亦不能不斷改變自己言論的立場,要運用邏輯與結構清楚的方式和他談話,否則就會讓CH失去談話的興趣。

偏好順應╱妥協(AD)風格的人,感覺似乎最好相處,然而,若要與他們真正的交好,就要保持友善的態度。儘量不要以常規和細節來要求他們,要用幽默、和善並且愉悅的狀態來相處,並且讓他知道「和你在一起,我很開心」,同時,也儘量給予他們引人注目的機會與舞臺。

分析完四種風格偏好的溝通風格以後,讓我們說回Nancy的案例。她所負責的那位記者,主風格為CT,給人的感覺比較剛硬、不在乎得罪他人、行動迅速、作風強勢,是記者群裡面產能最高的人(所以交出來的稿件也不精細)。Nancy若要與其溝通,需要做的是「有話直說」,這乍聽之下有些不可思議,對性格強硬的人有話直說好似在找架吵,然而,CT風格者其實很能接受直言直語,這對他們而言比較乾脆,也比較簡單。他們的人際敏銳度偏低,因此,只要不是直接

讓他們難堪或影響他們的話語權，CT通常不會為小事牽腸掛肚。Nancy需要讓這位記者同事知道她協助改稿的價值，才能和對方一起創造出精彩的報導。

除此之外，Nancy應該把錯誤標示清楚，但不動手幫記者改，給予記者自己處理的空間，並在說服其修改時，強調犯下這些錯誤，對記者個人可信度的影響，讓對方知道這些錯誤可能會影響他個人的績效與薪資，如此一來，他才有比較高的動機配合。

綜上所述，尊重他人與自己不同的價值觀，並進一步的調整自己對待他人的方式，是最好的關係良藥。懂得如何橋接不同風格，依據對方的偏好調整自己的應對，讓彼此之間的交流順暢，是人際管理的最大法門。

為職涯發展立定主軸

　　我們活在一個加速度運轉的世界。局勢變動劇烈，科技日新月異、知識經濟成為核心生產要素、人才資本越發重要，產業轉型的斷代越縮越短。安穩的待在固定位置，認分的維持單一專業，已經無法應付這個燦爛同時又高風險的社會，移動幾乎已然成為職涯的常態，無論是物理上的身體位移，亦或是專業領域的擴展遷徙。

　　職涯這兩字，再也不代表穩固，包括新興職業崛起、退休年齡延後以及非正典勞雇關係，像是斜槓人生、兼職工作、外包專案、遠距工作與創業風潮的興盛。

　　在這個百花齊放，同時也越發困難找到個人方向的時代，我們應該如何看待自己的職涯？我們如何抓住自己的發展重點，以不偏離主軸的方式策略性的思考自己的事業與路途？

　　用LIFO來談職涯，討論的不是個人職業生涯裡應該累積甚麼樣的技能、也不是如何拓展自己的能力，而是從更根本性的部分來分析：

　　「長遠而言，我適合被放在甚麼位置？」
　　「我應該找尋哪一種性質的工作？」

「甚麼角色可以讓我最大化發揮自己的才能？」

「10年後我會不會因為我做了什麼、或沒做什麼工作而感到後悔？」

換言之，在這個需要有極強適應力來應對外在變化的年代，LIFO協助受評者找到合適投入領域，讓每個人在環境的巨變之下，仍能有著核心的指引。

LIFO協助每個人理解自己適合甚麼類型的工作、適合擔任甚麼類型的職務、在甚麼情境能夠最如魚得水，只要把握住這樣的主軸，就能以「萬變不離其宗」的態度來思考每一次職業轉換時的選擇。

四大風格職涯發展的重點原則

1.支持／退讓（SG）：偏好SG風格的人，在進行職涯選擇時傾向諮詢別人的意見，希望能藉由「聽聞他人的見解」、「讓比自己更淵博更有經驗的人給予指引」來做為尋找方向的參考。

SG風格者的職涯動力來自「做符合自己的理想而有價值的事」，因此，在找工作時，要以具有意義感、能不斷學習、並且能符合自己內在理想的工作為主，如此才能夠長久經營，否則便會感到空虛及缺乏人生價值。

就工作型態而言，偏好SG風格者較喜好團隊合作為主的

工作方式，期待團員之間的支持以及腦力激盪，喜歡共好、共同進步、助人、利他、彼此朝一個目標前進的充實感，因此適合團隊凝聚力強、需要合作而不是獨立作業的工作類型。

另外，偏好SG風格者，需要被主管肯定與信任，若沒有得到足夠的反饋，便容易喪失動能。就長遠職涯發展而言，找到一個伯樂，對SG而言是很重要的。

SG在職涯的後期，最常拿來自我檢驗的標準是：「我是否過了一個有價值的人生？」若答案是否定的，那他們退休後可能會因此感到挫折，認為自己不被需要，而喪失了再去尋找奮鬥目標的動力，變得被動且過度依賴他人。若答案是肯定的，那SG風格者退休後仍然會尋找一些工作時未完成的夢想、過去想要追求但沒餘力完成的理想來貫徹。

2.掌管／接管（CT）：偏好CT風格的人知道自己的目標，他們傾向選擇富有挑戰性、能夠證明自己能力的工作。

CT適合做可以獨立掌握進度、迅速會有成果的工作，除此之外，他們在意「創新」與嘗試「別人還沒做過」的領域，在職涯選擇上，也很能夠在新興領域開創自己的位置。

就工作類型而言，偏好CT風格者比較不適合穩定、重複性高的工作，**選擇自行創業或是獨立作業的工作比較能夠發揮所長**。就工作的成就感而言，CT求快、期望能在短期內有工作表現，因此尋找有足夠發展前景、良好升遷管道的環境

很重要。

偏好CT者在職涯的後期，會自問：「我有一個有夠多產出的人生嗎？」對於新目標的追求，偏好CT者總是很孜孜不倦，因此即使退休，通常都還是很奔忙積極，不太給自己足夠的休息，無論老少，他們總是樂於做各種新領域的探索。

3.持穩／固守（CH）： 偏好CH風格的人比較傾向做保守而有把握的決定，喜歡能夠發揮自己專業技能的工作，也樂於深耕一個專業領域，做長久的經驗累積。

對偏好CH風格者而言，選擇穩定保障及明確規範的環境做事，能夠讓他們比較有安全感、比較能安置自己，也比較可以放鬆的發展自己的長處，因為CH會盡可能避免各種職涯風險。

CH適合擔任分析與規劃相關的角色，適合做穩定、重複、需要細心與整合能力的職位。 另外，就工作類型而言，在公家機關、規模較大／建置完整制度的組織工作，對CH來說較能發揮所長。

在CH的職涯後期，他們可能會自問：「我完成所有計畫了嗎？」在退休期，他們通常謹慎、有規劃的度過，希望人生一如以往的穩定而無波無瀾。

4.順應／妥協（AD）： 偏好AD者，**在意職業類型是否能夠帶來聲譽和認可，想要年輕有變化的工作型態，並享受擴展人脈與社交圈。** 因此，AD較合適創意產業、新興領域、文

化產業、服務業、廣告業、傳播業等需要創意而非一成不變的工作。

除此之外，偏好AD的人容易受到他人評價的影響，因此，在工作選擇上，尋求符合他人期望的選項也是首要的考量。

AD喜歡一邊工作一邊享受，**尋找一個企業文化友善、重視人和的環境十分重要**，在這樣的條件下，偏好AD者才能游刃有餘的進行各種專案的發想、企劃以及組織內外的溝通協調工作。

在職涯後期，AD風格的人們通常會回頭思考：「我是人脈廣而且受歡迎的嗎？」由於AD的工作動力都來自於「人」，因此，退休期後通常都過著社交生活豐富的日子，繼續享受與眾人共聚的樂趣。

LIFO方法教你如何把握基本原則，讓使用者能夠在大原則底下面對複雜而多變的外部環境，讓學員能夠少繞很多彎路，找到對自己而言的發展捷徑，也找到最適合自己的精彩路途。

四種人生取向在年輕時的職業發展

人的一生，花費了大半時間在工作。無論職業發展是否順遂，你是否樂意，工作所占據的生命可能比戀愛、婚姻、

交友或者興趣都還要漫長。除此之外，工作與生活之間的分
野也日益模糊，從前可以一日八小時，時間一到準時下班，
現在到了半夜Line都還響個不停，充滿了需要多方聯繫的訊息
與代辦事項，永遠沒有真正的休息。

　　工作的時數、重要性以及和生活的重疊率無限的擴張。
既然如此，我們就需要審慎的思考該怎麼規劃自己的職業生
涯。要把職業發展當成一場有戰略性的馬拉松，在不同階段
要使不同的力，讓自己可以跑得又久又遠。

青年時期的工作選擇

　　在二十五歲前後，讓人無法擺脫的職業生涯焦慮通常不
是「薪水是不是比別人高？」、「是不是馬上可以升遷？」
而是「這份工作適不適合我？」、「我能在裡面學習到東西
嗎？」「是不是可以讓我有所發揮？」「未來前景是不是良
好？」也就是，在進到職場的前兩年，是一個需要找到錨定
點的關鍵時刻，需要開始摸索自身的位置、需要探討可以發
展的空間，並且努力的像海綿一樣的吸收所有的新知。

　　在這樣的狀況下，以高目的性與行動力來選擇能夠為未
來鋪路的機會就顯得至關重要。

四種風格的求職密碼

支持／退讓（SG）：對傾向SG風格的人而言，他們自信心比較低，讀書階段容易覺得自己沒有價值感（但這種無意義感、無價值感通常是虛幻的，因為當你做為一個沒有產值的人時，本來就不容易產生自我認可的感覺），學生時期的他們，通常會很努力地思索：「活在這個社會，我的價值究竟是甚麼？」

因為這種自我懷疑的性格，SG風格的人從讀書階段跨入職場時，是最脆弱且充滿憂慮的，他們很希望能找到一個真的可以培養能力的環境，SG很期待有主管可以帶領著他們，度過這個過程。換言之，傾向SG風格的人很看重員工訓練，他們期待親自傳授的教學，渴望遇到用心的前輩，領導他們經歷一場「蛻變」。

SG風格者喜歡在工作中學習，希望能藉由職業成為一個更好、更全面、更優秀的人。他們通常傾向慢工出細活、團隊完善、有參與感跟支持感，同事之間不是背叛與競爭，而是共同達成好的目標。「我們很重視人的成長」、「終身雇用」、「公司和員工一起成長」這類型家庭式的觀念，都很吸引SG風格高的求職者。

總結來說，對傾向SG風格的人來說，職涯初期，當自己還不夠強壯時，首先需要考量的就是「良好的企業文化」。

尋找偏向社會企業性質、具有健全的人才培育機制的公司，就是對SG風格者而言很好的事業起步。

掌握／接管（CT）：CT風格者比較沒有過渡期的陣痛，他們可以馬上進入狀況，畢竟CT性喜挑戰，希望能夠迅速展現能力，並獲得立即的酬勞。傾向CT風格者，喜歡到充滿機會的環境，他們會希望這個環境是依據能力而給予升職與資源分配。

CT風格者在求職時遇到的困難通常是太過自信，即使還沒有相應的能力與條件，也無所畏懼的嘗試，導致落選。或者太過好高騖遠，沒有從基層幹起的打算，但自身能力又尚未到達能夠三級跳的地步，因此謀職不順。

除此之外，CT喜歡在市場上不斷成長，他們不會想去夕陽產業或是傳統產業，他們喜歡「年輕」、「成長」、「強調變革」、「重視年輕人」、「找新血來活化組織」以及「企業轉型」，他們想要走捷徑，希望比別人有更快的生涯突破，渴求被授權，不想被拘束與管理，他們野心蓬勃，總是想要馬上賺到第一桶金。

總的來說，對偏好CT的人來說，初入職涯時要慎選有發展機會的工作，讓他們的履歷可以累積輝煌的成績，而不是在一間朝九晚五的公司耽誤青春歲月，每天覺得人生被蹉跎（但CT通常很容易跳槽，所以即使暫時找到不適合的工作，也會很快地做出行動來邁向自己心儀的目標），此外，對年

輕的CT者而言，他們自身的資歷可能還不足，沒辦法讓他們掌握實權，因此，找到風氣夠自由的公司也很重要，才不會覺得被綁手綁腳。

持穩／固守（CH）： 偏好CH風格的人，本身就有一種「好學生」性格，他們技術專業，一步一腳印，怕風險怕失敗，總是以最穩當的方式在運作。對CH來說，「以不變應萬變」是最好的克服難關方法，因此，即使在出社會工作的青黃不接時期，他們也都會以認分、肯幹、努力而且謹慎的方式在累積自己的資歷。

對CH來說，學校教育的架構是很完整安全的，因此，在校時期最好就開始尋求一些建教合作或實習的機會，讓他們穩穩的無縫接軌。對偏好CH風格的人們而言，比較好的求職策略為：在還是學生的時候，就找好未來要發展的領域，基於自己所學的去發展，第一份工作就在自己領域內，比較有安全感。

儘量不要去剛成立而不穩定的公司，可以找公家機關或者比較大規模、老牌的機構，在一個機制健全的公司裡不斷的深入，比不斷地換工作來跳級更好。因此，對CH者而言，第一份工作一定要慎選，因為他們通常一份工作待比較久，所以不能找一些不值得投入的地方就職。在求職時就明確的鎖定有良好升遷機制的地方，並且儘量找能夠使用分析、規劃、研究專長的職位，比較可以發揮所長。

順應／妥協（AD）：充滿了創意與活力的AD，適合到以創意為優勢的新創公司發展。他們作風彈性且充滿怪點子，因此在新創公司的自由風氣下，會活得很快樂。同時，在新創公司的開創階段，他們的企劃與想法也可以提供很多激盪與火花。若在一間穩固發展的老公司，他們的天馬行空就只會被當成惹事或者不實際，但當一切都還在初始階段時，AD的不受框架拘束、良好的社交手腕與資源整合能力，就可以成為極大的助力。

偏好AD者通常在學時期就累積了大量的人脈，因此，也建議他們，找工作的過程中，記得妥善的運用這些人際資源。另外，AD會喜歡形象良好、光榮感而且體面的單位，公司最好讓人感覺時尚、年輕而且賦予變化性，換句話說，對AD來說，第一份工作的職位可能不是最重要的，公司頭銜可能比做事內容還要更有吸引力。

中年轉職不用怕，盤點自己「想要哪種人生」

三十五歲以後，人生似乎就走到分水嶺，成家的成家、生子的生子、升職的也早就成為領導，職業生涯走到了一半，好像很多事情都已經底定。年輕時候的焦躁、徬徨、好高騖遠跟恐懼，似乎早已煙消雲散，然而，消逝的並不只是

青春的躁動，還很有可能是人生的「可能性」。

人到中年，不再需要拚搏與過關斬將，有可能是因為前面的累積已經給予足夠的底氣，「老本」豐厚，可以放鬆去追求真正想要的生活；也有可能是在柴米油鹽中妥協，終日碌碌，工作不再是成就感的來源，而是無聊的重複，純粹是一紙飯碗。

生涯下半場：聆聽內心，做出正確決定

談到中年轉職，無論形式是跳槽、轉行還是創業，最重要的不外乎兩個問題：

1.會不會一落千丈，失業落魄，再也無法爬起來？

2.到底真正想要發展的「終生職業」是甚麼？

有趣的是，當人們已經來到生涯馬拉松的中期時，想要轉職，通常都是因為想要呼應內心深處真正渴望的選擇，例如：「在同個地方這麼久，真的太安逸了，難道我要這樣一輩子嗎？」又或者：「這個領域我已經摸透了，想要到別的領域去發展，去做自己之前一直想嘗試的事情。」

因此，中年轉職時的決定，相較於年輕時的職業選擇，反而更與自身的「人生取向」相呼應。也就是，當你到了中年，不要再屈就於現實考量了，既然都要跨出去，就要找真的與自己價值觀相應的選項，以此來做為「轉職策略」，讓

自己能做出更不後悔的選擇。

對現狀不滿，就是最大的轉機

一位學習LIFO方法多年的學員Cathy（主要風格是SG，次要風格是CH）為我們提供了極好的案例。

Cathy在外企諮詢公司工作數十年，行程總是緊湊逼人。身為中階主管，她像是被夾在三明治的中間，面對上司之餘、同時需要管理下屬，讓她感到很有壓力，因為每種角色Cathy都希望能夠扮演到最好，而這種完美傾向讓她總覺得事情交給別人做可能會有疏漏，導致她時常不是以領導他人、制定決策的方式來做事，而是使用自己的專業能力，樣樣任務事必躬親，累壞了自己。

除此之外，即使Cathy的能力極出色，但相比於其他比較沒有那麼努力，也沒那麼能幹的同事而言，她的升遷之路一直不算順遂。因為不懂得居功，也總是太過謙虛，導致默默做了很多無形的付出，卻沒有被看見，因而沒有得到應有的回饋。

過了不惑之年，Cathy重新回顧自己的事業、家庭生活以及個人的興趣發展，覺得自己不滿意這樣的生活。她的孩子現在也不小了，再過幾年就要大學畢業了，他們對未來的職業選擇感到很迷惘，Cathy有點自責似乎沒有花足夠的時間指

引或者陪伴他們。就事業來說，Cathy也意識到自己很有可能就只能停在同樣的職位，不太有機會再往上升遷。另外，她也對職場的高壓環境感到很疲倦，想要去做真正「有意義」的事情，重燃自己的活力與熱情。

Cathy想要離開就任多年的公司，但因為她的CH風格也不低，導致在做改變前總是瞻前顧後，害怕貿然行動會有慘烈的失敗，恐懼只要一離開從前累積的成果，就再也無法建立新的成就，那麼這麼多年的資歷都白白浪費。

直到有一群朋友們找她一起創業，意圖搭建一個公益平臺，進行青少年職業的規劃與輔導，Cathy才終於下定決心，和這群老友們一起出來自立門戶。

因為團隊成員彼此熟悉、相互信任，對各自的擅長領域也掌握得很清楚，讓她覺得這是一個好的轉職計畫，也是和過去經歷的良好「銜接」，她不用拋棄自己多年來的專業與管理經驗，反而能夠更有主導性的聚焦在自己想要追求的目標上，Cathy終於能夠把自己的專長貢獻在關切的議題上，讓她覺得自己能夠重新活出價值感。

以Cathy的案例而言，她確實的感覺到自己職業上的危機，那種無法再更前進、只能當萬年中階主管的無助感。

然而，多虧Cathy的SG特質，讓她自己累積了一些交情深厚並且互相信任的同業老友，能夠一起開創一條新的路。比起自己獨自出去闖蕩，或者跳槽到新的公司重新適應，和老

朋友一起為徬徨的青少年指引一條出路，是最讓Cathy覺得充實的選擇。即使工資降低，但Cathy覺得甘之如飴。

不要冒進，但也不要畏懼改變

　　Cathy的故事算是一個風險較小的轉職案例（由於她的風格，她也不會選太艱難或者太劇烈變動的路）。但Cathy的選擇讓我們看到一個SG／CH的人，如何用他們較緩慢而謹慎的步調，有計畫的規劃轉職的方法。

　　不同風格，來到職業下半場，會有相異的優勢與挑戰。以CT風格而言，他們可能一輩子都在變動，一輩子都在尋找更好的跳槽機會，所以中年轉職對他們來說也許不那麼可怕，但偏好CT風格者，在轉換跑道時，要注意過當的可能性，要運用過去的經驗與優勢，並從經驗中尋找如何控制風險，而不要一下子賭太大，失敗了難以爬起來。

　　而若以AD風格來論，偏好AD的人，在轉換領域需要留意的地方是：他們通常在細節性的規劃與評估上不夠審慎、過度樂觀，或者因為長期仰賴自己臨機應變的能力，而還沒做好功課就覺得自己可以見招拆招，這是容易導致失誤的心態，需要小心。然而，傾向AD風格的人到了中年，身邊多半有大量的人脈與豐沛的人際資源，這絕對是他們的轉職優勢。

　　總結而言，無論你的風格是甚麼，到了職涯的後半場，若僅滯留在原地、焦躁的害怕被新血取代、又無法確定自己還有甚麼剩餘價值，那真的非常可惜。只要盤點清楚自己累積的基礎、清楚自身的才能及風格的優劣勢，就請放手一搏，為自己人生後半段做出真正符合自己夢想的決定。

對症下藥的時間管理方法

　　26歲的Beatrice為CT／SG的混合風格者,她是一間外企的專案管理者,她效率極高,溝通起來快狠准,不拖泥帶水,但她總感覺自己不足,內心深處有種不安全感,覺得只要待在原處、停滯不前,就會被超越。她因此規劃了很多學習的目標,像是計畫要去學基礎的程式語言、日語,或是在閑暇時間去上瑜珈課、陶藝課等等,讓自己能夠活得夠豐富,用填滿行程來製造安全感,讓自己感覺「夠努力」、「夠完美」,並且「沒有辜負自己的野心」。

　　然而,紛亂的目標、下班後疲勞而缺乏續航力的身心狀態,理所當然地讓Beatrice的學習效能不彰,時間也越來越緊縮。她永遠覺得時間不夠用,好像陷入了一種無解的「時間貧窮」陷阱裡。Beatrice每天六點起床,一小時通勤上班,工作滿九小時,下班後再移動到各種不同的教室內,心神不寧的上完課,搭車路上一邊思考今天所學,一邊回復同事的信息,回到家後囫圇吃個飯、沖個澡,一天就過了。時間在她奔走、聯繫的過程就流逝掉了。Beatrice不解自己出了甚麼問題,明明用最高效率的方式處理所有事情,甚至時常一心多用,卻還是感覺自己在虛度光陰,對所做所學、甚至她很上

手的工作,都無法全心投入。

　　事實上,Beatrice的問題並不是她不認真或她浪費時間在不必要的事情上,而是,她並沒有掌握適合自己風格的時間管理方法。

找到適合的時間管理方法

　　時間管理堪稱歷久不衰的討論主題,沒有好的時間管理就不會有好的產能,也失去了許多自我精進的機會。我們時常聽見時間管理的經典理論,也就是所謂的「80／20原則」:以事情的重要性來評估優先順位,用80%的時間來處理那些20%的緊急事情。又或者,我們也常聽見其他強調善用零碎的時間、戒掉糟糕習慣以及使用祕訣來提高效率的時間管理方法。

　　事實上,這些辦法可能就和看雞湯文一樣,乍看充滿啟發與收穫,但轉頭回到日常,浪費時間的一天又倏忽過去。

　　為甚麼會有這樣的狀況?到底應該使用甚麼樣的方法,才是最能提升時間運用方式之道?

　　其實,大部分時間管理的祕訣之所以無法長久,是因為那並不是對症下藥。很多時間管理的失效,在於風格特性的問題,而非自製力問題。也就是,我們不應該用同一套方法套用在不同的人身上,因為一定會有因為個別差異導致的盲點。

　　舉例而言，當談及「按照事情的重要度羅列好優先順序時」，並沒有考量到，不同類型的行為風格，對於重要性的定義有不同的見解與內在機制。以Beatrice的例子而言，她的CT風格讓她有「訂定過多目標」、「迅速行動」、「求快導致無法扎實的練習好基本功」等特性，而她的SG風格又讓她很在意自己是不是很優秀，學東西是不是真的學得足夠深入？這兩種特質的拉扯，導致Beatrice既想要快速習得新技能，但又會因為自己學得很淺而自我批判，因此累積了大量的挫敗感。

　　而這些參與太多事情、卻又無法刪減的特性，讓Beatrice在時間管理上，根本很難排出一個明確的優先順位，因為她就是想要全部兼顧。在這種時候，不釐清Beatrice的內在動機、一步步開解，而只是給予「按照事情的重要度羅列好優先順序」的建議，那對她的幫助勢必有限。再者，當提及「擺脫那些讓你浪費時間的習慣時」，頂多只能給予基本的建議，例如：少逛臉書、少看網路上的影片等，疏忽掉了Beatrice平時就沒有在這些瑣事上放縱自己。她並沒有花時間在滑手機或睡懶覺，她並不是一個習慣糟糕、無所事事之人，但卻仍然無法從容地運用時間。

　　這時候，我們應該使用LIFO方法來進行時間管理的問題校正，並進一步地探查各種不同風格者如何改善他們的時間安排以及提升學習的效益。

四大風格的時間陷阱與解決之道

1.支持／退讓（SG）：偏好SG風格的人因為精益求精以及完美主義，時常卡在「做要做到最好」的陷阱裡。然而，把主管交辦的任務做到足夠好的程度，可能需要一周，但要把事情做到毫無瑕疵，需要花費的時間成本可能是兩倍以上。以這種速度來完成被交辦之事，基本上不現實，**因此也很容易陷入「全有／全無」的心理機制，也就是如果這件事情我做不好，我就乾脆不要做。**

另外，偏好SG風格的人很容易因為渴望展現自己對團體的價值，而對太多人說「好」，攬下了超過自己承受範圍的事項，並且疏於列出助人的優先順序，讓自己焦頭爛額。在這種行為模式背後呈現的內在憂慮其實是「我會不會錯失一個被感激的機會？」「我會不會沒能參與重要的案子？」也就是要求自己達成各種期望，並且意圖當救世主拯救每個人。

換言之，SG風格的時間管理罩門是完美主義與「人際界線感」的模糊，時常瞎忙於自己分內以外之事。

那該如何改進呢？首先，要牢記並時時提醒自己「甚麼是我真正需要的？」「甚麼是我真正的**任務**？」關閉讓所有人都來尋求協助的方便之門，專注於自己的事務上，並且，**給每件事情訂下期限，練習在期限前，無論做到甚麼程度，**

都一定要告一段落完成。

2.掌管／接管（CT）：會讓偏好CT風格者產生時間焦慮的原因主要來自害怕自己喪失表現機會，或者害怕沒辦法在有限的時間下表現出能力。

偏好CT風格的人時常敗在衝太急、想做的事情太多、把每件事情都當成急事，並且求快，事情如果短時間內沒有成果就容易放棄，好高騖遠導致效能低落。因此，偏好CT風格的人在時間管理上遇到的問題其實就是缺乏持續力，總是從一個任務跳到另一個，讓先前的心力都功虧一簣，也容易讓所有計畫都停留在不同階段，但無一完成。

如果你總是那種風風火火偏好CT的人，請記得要重新調整自己的時間分配方式，以免徒勞。要謹記「**我的重點**」、「**我該集中精力的少數任務**」，並且設下明確可達成、不會讓自己失去耐性的目標，例如這就是今天要做的「**那件事**」。同時，**每次設立的目標，彼此之間要有連續性或者連結，讓每次達成的小成就，長久下來可以累積成大目標。**

3.持穩／固守（CH）：偏好CH風格的人常常陷入的時間管理焦慮為「**我不夠時間來周詳與完備的準備**」、「**我還來不及瞭解情況**」。會有這樣的憂慮，是因為偏好CH風格者時常參考過多的文件，仰仗大量資料來建立認知，但又容易產生過度搜集資訊導致猶豫躊躇的狀況；他們傾向在會議中不停地預設與沙盤推演過於詳細的細節，讓決策延宕，並且因

為想要找尋更多資訊而不採取行動。

換言之，**對偏好CH風格者而言，要注意分析癱瘓、檔案工作占據過多時間的問題。CH要常常自我提醒：按部就班、太力求扎實的方法，不適合應付緊急狀況。**

若偏好CH風格者要調整自己時間的運用方式，重點在於縮短前置作業時間，放寬SOP的遵守嚴謹度，並且專注於「我的行動」，也就是去做、去實踐。

4.順應／妥協（AD）：偏好AD風格者害怕失去贊同、沒能成為注目焦點，因此，他們會花很多的時間與心力在被認可、被喜歡上面。由此衍生出過多的、不是當務之急的社交與聚會。同時，也容易參與過多的會議、等待別人的領導（配合他人而不是主動行動）、喜歡接納新變化導致事情不容易推展，並且受太多可能的選擇所吸引。

這種情況容易讓偏好**AD風格的人在面對時間管理時，缺乏藍圖與規劃，讓他們傾向隨興妄為、推卸責任、事情永遠是最新草案而非最終定案，並習慣突然的改變方向。**換言之，AD風格者因為有創意且具有高度彈性，時常違反SOP或者規矩，並且容易在執行一件事的過程，為其他事項或者他人的動態而分心，轉而去進行不直接相關的其他（更有趣）的事情，**容易忘記「初始重要目的」。**

若要補救且提升時間管理之道，AD需要**明確的宣示自己的方向，需要經常的確認自己有走在軌道上，告訴自己「這**

就是我認為要做的。」並有限制的參與社交活動，以免過度浪費時間。要知道如何把自己過好、如何扎根在自己身上而不是隨波逐流、讓自己能夠實踐核心的目標。要理解自我精進比花費時間與人交往還更能夠得到欣賞與贊同。

綜合四種行為風格的時間管理法，我們可以看見，LIFO強調每種風格都有自己的價值觀以及核心目標，若要有效改善自己的拖延症，要先理解自己的風格，並依據風格的盲點來改進，才真的是抓住癥結，有效解決個人時間效能的問題。

讓我們說回Beatrice的案例。在時間安排上，Beatrice該做的是好好地設下一個合理的底線，針對自己的可負擔程度，以及評估該降緩哪些占據她大量時間的事項，不要每一件事都那麼急。

放下SG風格容易有的自我批判，重新盤點到底哪些安排是出自於自己不夠好的恐懼，哪些安排又是真的必須（例如，她如果學會基礎的程式語言方法對她工作上和工程師溝通有很大的助益，而其他外語能力就可以緩一緩，或把課程安排的間隔拉長），同時，也放下CT貪快、求新求變的心理狀態，讓每一個計畫的安排都有比較長期的藍圖，學習目標不要一下子從程序編排跳到語言學習，又轉換到練習瑜珈，這三者之間並無共同性，很難累積出甚麼成果，同時進行只會造成負擔。

　　比較合理的安排會像是：從程式語言到網頁設計，或者從單純的學習瑜珈到考取師資證等等的歷程。Beatrice可以適度轉移所學內容來讓CT容易有的喜新厭舊特性沉住氣，但也要記得讓自己的學習不會虎頭蛇尾，或因為在短期內無法成為傑出的佼佼者而氣餒放棄。

　　當然，不可否認，很多時候我們的時間管理問題是來自無法專心，在這個浮躁的時代，人們擁有大量消耗時間的瑣碎之事，以及各種雜訊來紛擾我們的專注力。這種時候與其指責自己懶惰、定性不夠，不如從更深層來檢討自己是不是對時間的運用有著錯誤的信念，錯估了時間使用或精力投放的策略。

　　例如，偏好AD風格者，對時間的信念可能是：「時間的使用可以很有彈性，做事情未必需要按表操課。」抱著這樣的信念，就很容易虛度光陰，過度樂觀的評估自己所擁有的時限，因此跑去做很多比較輕鬆、比較有趣的事情，讓自己沉浸在一種充實的幻覺裡。他們的時間管理問題未必單純來自性格慵懶，更多的可能是「缺乏危機意識」，因為把臨機應變的小聰明當作常態，而把大量的時間花費在不重要但讓人愉快的事情上。

　　而偏好CH風格者，對時間的信念可能和偏好AD風格者大相徑庭，他們總是覺得時間緊縮，把所有該做的事情都提前安排好，以一種很未雨綢繆的方式在進行時間管理。乍聽

之下這好像是一種優點，而不是時間管理上的障礙，然而，正是因為他們對時間採取一種過度謹慎、防患未然的態度，反而減緩了偏好CH者的行動力，他們在規劃上，永遠預留了大量的時間，卻完成不夠多的事情。換言之，他們原本有更大的潛力，但卻被這種過度憂慮的時間管理方法耽誤了。

綜合而言，時間管理其實就是一種取捨的藝術，不同風格者要根據自己的行為取向來評估如何調整自己對時間的錯誤認知、過當行為，以及該怎麼採取最適合自己的方法，才能兼顧生活的同時而達到期望的成就。

設計自己的高效學習策略

　　談完時間管理後，我們可以來看看與時間管理高度關聯的「如何提升學習的效力」。

　　學習這件事情，貫穿我們的人生，在不同人生階段我們有著不同的學習使命：在學生時期，學習像一種被動的餵養，每天每刻辛苦的吸收學校給予的知識，但在那個當下，未必真的清晰學習的動機與目的；開始工作後，學習成了一件很個人性的事情，沒有人需要為你的生澀買單，即使還不熟悉工作項目所需要的技能，也需要用最快的速度趕上，才能因應瞬息萬變的職場。然而，無論在哪個生命歷程、哪一種身分階段，學習力的高低，其實也就決定了自己適應力與競爭力的優勢與否。若還很年輕，困惑於學習的意義，那需要做的是找到屬自己的學習燃料，從最根本的找到動機開始努力；若已經設定好目標，卻總是被學習的壓力打敗，那就需要重新檢視自己的方法，以及進行相關的壓力管理，讓自己能有長跑的續航力。

　　換言之，要能夠快速吸收知識，需要兩個重要的關鍵。

一、設立目標明確方向才能全力以赴

不同人生階段、不同風格者，會有相異的學習動機與目標，釐清並誠實的面對自己學習的動機與目的，是提升學習力的第一步。

舉例而言，一位偏好SG風格的學生，可能認為自己應當達到師長心中的期待，而努力想要提升自己的學習效力。進入職場後，則是期待自己能夠成為可被信賴的、出色的員工，而持續不懈的精進能力、發展長才。換言之，SG風格者的學習目標，比較傾向是「成為一個出色而符合他人期許的人」——他們的學習動力很大一部分來自於達到外界對自己的高標準的寄望。

相較之下，偏好CT風格者的考量就比較個人，他們想要在競爭中拔得頭籌、希望自己是勝利組，進入社會後的學習，也是基於想要攀升到更好的位置。對他們而言，學習的目標在於「在這個高競爭的社會成為佼佼者」。

偏好CH的人，則可能是抱持著謹守本分、一步一腳印才能達成自己夢想的信念，從學生時期就踏實的用功，工作以後也都以務實、不好高騖遠的方式安排自己的學習進程，他們的學習目標在於「讓人生維持在軌道上」、「維持穩定的進步及成長」。

　　而AD風格高的人們，在學生時期，學習的動機是為了讓自己成為耀眼、才華洋溢的受矚目者。之後職場上的自我精進，核心目標在於「讓自己見聞廣博、熟知多方事務，並且而在各式各樣的場合中展現自己的開放性與熱忱」。

　　不同的風格偏好，造成迥異的學習目的。釐清自己的學習動機與目的，能夠讓學習者重新設定學習的方法，也能夠更加鞏固其「學習意志」。

CH風格的案例故事

　　以CH風格較高的Clare為例，他是一位28歲的產品設計師，自他大學畢業以來，在同一間公司待了六年，由於單位規模小，Clare又最資深，因此，在他待到第五年時，公司裡各式各樣的平面設計、產品設計、影像拍攝／後製、企劃至行銷皆由他一手包辦處理。無論負責甚麼，Clare交出來的成果總是非常細緻，由此可見其驚人的學習能力。如果單看以上敘述，可能會以為Clare是一位非常積極且極具有事業心的設計師。

　　然而，真實的狀況是，Clare並非主動的、求知若渴的進行這些技能的學習，他把所有的業務摸熟，是因為公司不大，員工被期望有多樣工作技能，而導致Clare「實務上」就是需要會那麼多種技能。也就是說，Clare從一開始就很清

楚，自己學習的動機是「面對職務的需要」、「應用性」以及「讓自己的飯碗穩定」。由於他的學習目標和他的風格取向很一致（也就是緊緊貼合職場上的生存需求），他能夠全心全意地的驅動自己的「學習意志」，用穩妥的方式上手這些新的技術技能。

AD風格的案例故事

而**AD**風格的Tiffany是一位高中生，正面臨大考的壓力。她從小就學習各式各樣的才藝，鋼琴、跳舞、油畫與第二外語，天賦異稟、聰明而反應快，但總是學藝不精，一個才能稍微上手了，就不想花時間練習。Tiffany的母親知道她興趣太多、不專心課業，因此很擔憂她的升學狀況，每天苦口婆心的勸她要專心，大學沒考好，會影響接下來的職業發展。但Tiffany當然聽不進去，這對她來說都是太久以後的事情。

直到她和朋友一起去參加大學博覽會，認識了一些學長姐，觀察到一流大學的學生各個都在校園生活、社團、學生會等各個領域過得多采多姿。某個Tiffany很仰慕的學姐就讀於牙醫系，但也兼顧學習爵士舞蹈，時常擔任MV舞者，偶爾也接平面模特兒的案子；而這位學姊周遭的朋友各個學業表現優良、外貌姣好、很早就開始累積自己的工作經驗，甚至培養能夠當成副業的休閒嗜好，這些人形成光鮮亮麗精英

小圈圈，對於後續的創業、職場上的人脈等等都有很大的助益。Tiffany很嚮往這樣的未來，這樣明確、可見又豐富的生活深深鼓舞了她，她開始全心投入在眼前枯燥的課業上，為上一流大學而努力。

這兩個案例，都讓我們瞭解到，要提升學習效力，首先需要先挖掘對自己最有效的學習目標。如果對一位偏好SG風格的學生說：「考試考得好，才能夠在這個高競爭的社會生存。」這人約莫會很沒勁，心想：「我又沒有要拚輸贏。」但如果把目標稍作置換，讓這位SG的學生知道，如果他的父母看到他的進步，會非常引以為傲，或者考上頂大，就能跟現在最好的朋友繼續同窗四年，情況就會完全不同，這位學生會因為重視他人的肯定以及連結感而充滿幹勁。因此，我們在立定學習志向時，要先為自己創造出最誘人的「獎勵機制」，並專注地想著這個目標，如此就能火力全開、全心全意地進入到學習的最佳狀態裡。

二、依據風格制定策略

就學習傾向而言，CH與CT風格比較擅長個人性的努力，而非與團隊或好友們共同激盪、討論，或是籌組學習團體來增進自己的效能。

CT風格傾向於花費精力在學習如何解決現在面臨的問題

上，而非單純因應興趣。CT風格不傾向在預估不到效益的狀況就投入精力在新的領域，不做不知成果是什麼的白工。因此，他們乍看之下涉獵甚廣、具備冒險性、對新興發展的議題具有很前瞻性的思考，但在他們確定這個新的知識領域能帶來實質的好處前，並不會真正投入心力在吸收與反芻上。

至於偏好CH風格者，對專研有系統性的知識感興趣——CH風格導向讓他們不喜變動，在學習時，只要有一套既有體系可以遵循，他們就會感到很安心，尤其當所學習的知識可見其實用價值時，他們會更加專注。哪怕過程困難或需長久時間才有成果，CH也願意努力投入。因此，他們通常在一個領域會走得很專精而深入，而比較不偏好拓展跨領域的能力（除非職位或是現實狀況需要如此。）

相對而言，對SG與AD風格者而言，團體式的學習能給他們很好的成果，他們會在「與大家一起努力」的共同學習中得到快樂，也會在相互之間的切磋中得到養分。

SG風格高者，本質上就樂於學習，書中自有黃金屋，獲取知識就是成就感的來源。雖然短期內看不太見成效，但只要心中的信念支持所學的是有價值的，自然能有自我激勵的精神力量。在實務上，SG的理想性及求完美讓他們總是願意思考「有沒有甚麼比現在更好的做法？有什麼我還沒有學到的更好的典範？」

偏好AD風格者，在學習中，善於跳脫現有框架，進而能

改善現有作法的僵化之處。AD的創造力讓他們很願意嘗試各種看起來無用卻有趣的新東西，而這種東沾西點的偏好，有時候會讓他們顯得三分鐘熱度，但往往這些不具功利目的的學習會讓他們建立很豐沛的「知識資料庫」，在他們需要思考、動用創意時，他們能夠迅速的連結各種看似不相關的領域與經驗。

　　瞭解四種風格，在學習上的傾向後，讓我們來看看，有哪些方法，可以有效的提升相關風格的學習效力。

將探索慾轉變成學習慾──CT與AD風格的良方

　　此種策略適合偏好AD風格與CT風格的人們：把自己對各種新奇事物的淺嘗即止轉換成真正有所累積的學習。

　　以AD風格者而言，探索新事物很有趣，但要認真學習，可能就會覺得有點辛苦，既然如此，就應該避免使用背誦、重複操演的方式來消滅原本的探索慾，應該使用互動性、娛樂性、方便性以及隨意性強的方式來維持學習的熱度，諸如使用APP、線上課程、甚至組成線上與線下的學習互助團體等等。設計些有趣有變化的團體活動也是AD風格的學習偏好。

CT風格的案例故事

以CT風格而言，此種策略的重點在於，放下急功好利的心態，相信原來身邊所忽略的事物或技能，都能提供很好的自我提升機會。偏好CT風格者，可嘗試把原先所忽視、認為沒多大功用的知識技能領域，轉為其他更有創新的應用。舉例而言，我們的一位從事管理諮詢的學員Jacqueline，她對占星很有興趣，但她只把這個興趣當成一種消遣，而不覺得占星會提升自己在職業或生活面的能力。然而，當Jacqueline的朋友開始請她幫忙解盤、開解人生問題時，她對占星才開始認真。

Jacqueline發現占星時需要動用的聆聽與諮詢技巧、為個案找出打破慣性／解決問題的方法，其實可以應用在她自己的諮詢工作上，而她也發現自己原先功利心態的盲點——忽視了任何一個新領域的激盪，都可以開啟很多不一樣的新視角，重點在於，不要輕易的認為這些技能無用，只停留在探索階段，應該要深入學習。

有效的休息安排——SG與CH風格的良方

對於勤奮又有韌性的SG與CH風格學習者而言，高密度的學習時間似乎是最直觀的提升學習成果之方法。他們認為學

習時間投入越多，可以掌握的知識就越多。

　　偏好SG風格者，在學習時常常會把自己的精力用盡，即使已經明顯到專注力的下降，仍然不願意去小歇片刻，用抗拒休息來彌補內心深感「學無止境」的焦慮感。不願意休息、讓自己過勞的努力心態，或許會帶來一種學習的安全感：我都這麼努力了，不可能沒有收穫。SG風格者傾向透過投入大量心力的學習來得到自我肯定的充實感。然而，真正的學習力，其實不在於有多刻苦、有多勤奮，而在於是否有效的吸收新的、可用的知識或資訊。

　　對偏好CH風格者而言，有限的精力往往無以面對無盡數量的知識內容。如果有個明確的指引來按部就班，遵循程序的學習，就能省下不少心力。否則，面對桌上的書堆或是線上眾多的數據資料時，就算不眠不休，也無以真正吸收。尤其當CH陷入到某些細節時，容易產生「見樹不見林」的問題，而使得耗盡心力卻徒勞無功。

　　越來越多研究顯示，高品質的休息，是如何的影響我們的學習。美國國立衛生研究院（National Institutes of Health）的研究表示：短暫休息對於學習的重要性幾乎等同於努力練習，大腦透過短暫休息來鞏固對前一刻所學知識的記憶。

　　矽谷顧問方洙正（Alex Soojung-Kim Pang）在其書《用心休息：休息是一種技能》中強調，人們應該視休息為投資而非消耗，而休息需要方法，它是一種需要學習的技能，所謂

用心休息（Deliberate Rest）有助釋放累積的壓力，協助嶄新學習經驗進入記憶體，刺激潛意識空間保持活躍。

然而，有效休息指的並不是每十五分鐘就分心的跑去逛社群朋友圈，亦不是稍感勞累就去補眠（事實上，花很常時間睡覺的休息品質不一定優於運動或烹飪），而是讓自己能夠在大腦思考中轉換心智模式。例如，從極度的專注中，暫時抽離的去散步、浸潤在喜歡的事物中、聆聽音樂、與人交談等，讓自己去做一些和剛剛所學的技能之間不直接相關的事情。這些方法有助於頭腦統整資訊，亦有助於剛剛累積的知識與其他生活面向產生關聯，而更加鞏固所學。同時，也能冷卻SG風格的過於完美主義以及CH風格的太過耽於內容細節等過當行為，讓學習更放輕鬆些，以免耐不住壓力而放棄。

找到具備共同目標的支持團體──SG與AD風格的良方

此種策略適合SG與AD風格的學習者。

SG風格學習者對他人抱持著善意與信賴，在團體內，他們通常不競爭、不比較也不藏私，會熱切的提供自己所擁有的資源與訊息，並主動協助其他成員的學習。在這種具備誠摯品質的良性互動中，偏好SG風格者能夠在支持團體內得到很好的回饋與滋養，同時，在他們幫助他人學習時，也同時

加深了自己對知識掌握的熟練度。

　　而偏好AD風格的學習者，也很熱愛以交友的方式學習，他們喜歡一來一往的互動對話，也喜歡認識很多人的快樂，這種天馬行空、輕鬆交流的經驗，讓AD風格的人覺得學習很愉快。對於他們而言，持久不斷的參與學習團體，目的很可能不是為了知識內容本身，而是喜愛彼此共聚而有所成長的感覺，而這種心情對他們的學習動力有很正向的助益。

　　當這偏好SG與AD風格的人在學習上受到壓力時，支持團體也能帶給這兩群人很大的溫暖。SG風格高者在學習面臨挫折時，因應的行為是嘗試尋求外援；而AD風格高者則傾向以個人的接觸、找合適的對象談話來排解負面心情。

　　LIFO方法在提升學習力上有很多的應用之處，從學生的課業至職場工作上的學習。上文從我們的實證輔導中，點出了各種LIFO風格的學習特色，也建議各種風格者相應的提升學習力策略。對於學習者及負責教導的老師、企業主管、人資部門，乃至於父母，皆可嘗試採用。

兩性關係指南：
找出殊途同歸的那條路

為何要談兩性關係？

　　兩性關係有千萬種劇情迥異的問題。感情關係中，常見各式各樣的「缺乏共識」：一方熱愛交友，另一人喜歡獨處；一人把日子過得像年節般熱鬧，一人需要空間；一人熱情奔放，另一人卻含蓄內斂。單是個體之間大相徑庭的性格、成長背景、世界觀與生命經驗，就造成大量磨合、猜忌、懷疑與適應，更遑論不同性別的生理狀態、社會養成以及各自對性別角色的認知與期待。

　　各種不同的差異交織在一起，使得在感情中，兩人始終很難真正頻率一致。大部分人在兩性關係中總像在黑暗中匍匐前進，一邊走一邊探索，永遠無法預知前方險阻如何克服。

　　更何況，雙方受到吸引並交往，時常不完全是基於客觀的條件或理性的原因，更多的是在各自對理想伴侶的投射、當下心理狀態的需求、共同經歷過一個狀態，或者那個階段的機緣。換言之，彼此並不是在「仔細評估」的情況下

決定交往的（當然，仔細評估後交往也可能有各種相處上的問題；或者也可以說，愛情的吸引力本來就是很難被評估的）。因此，當「浪漫愛」的美化濾鏡消退以後，現實的問題、日常的齟齬、彼此風格的過當，或者不偏好風格的不足，就浮上檯面，日益清晰。而這時才真正進入關係內關於現實、比較長期，也比較辛苦的部分。

因此，我們要探討兩性關係如何維持、如何相處，又如何解決互相的問題，是希望能在保有浪漫之外，透過良好而完整的分析系統，透過我們理智的眼睛去看雙方的關係，讓彼此的差異成為互補，而不是怨懟；讓彼此的共同點可以成為一加一大於二的支持力，而不是互相耽溺在同樣的泥淖裡，只能一同取暖自憐。

檢視彼此協調的可能

LIFO作為一種處理人際關係的方法，最大的效用來自對互動所產生的情形與結果進行務實的分析，當它座落在兩性關係裡時，能夠把兩人情感中錯綜而複雜的情況歸納成清晰明確的認知框架，使得情侶們得以暫時放下情緒，找到溝通的可能。

首先，就大方向而言，許多情侶間的爭執來自對雙方話語的誤解，而這樣的誤解又來自本來就不一致的價值觀，因

此，唯有先釐清以下三點，才能夠真正開啟對話。

一、自己對感情的價值觀是甚麼？

先問問自己，到底期待怎麼樣的關係？對關係的需求是甚麼？而目前關係中沒有被滿足的部分是甚麼？

很多時候，我們很羞愧於承認自己真實的渴望，可能我們想要被保護、希望有人照顧、想要真正的被瞭解、想要讓自己有價值感、希望對方給自己面子、想要與伴侶很有幹勁的一起打拼，或者希望能夠有一段足夠自由的關係，但因為這些願望聽起來不實際、與目前的現狀不符、或甚者這樣想像關係好像只考慮到自己，有點自私，所以只好把這些聲音埋藏到內在深處，對自己的渴望充耳不聞。

然而，要解決問題，永遠要從誠實面對自己開始。

誠實面對自己對感情的「要求」並不丟臉，你會有所求，並不是因為你脆弱或是自我中心，而是因為你的「價值觀」如此，這是你對感情的認識論。

以LIFO方法而言，不同行為風格伴隨著不同的價值觀，因此，可以先釐清與檢視自己可能的偏好風格，並從中加強對自己理解的深度，知道自己到底想要甚麼樣態的關係品質。

舉例而言，偏好SG風格的人可能希望雙方擁有高品質的

陪伴、互相依賴照顧、彼此能夠有共同遠景長期發展，情人不只是忠誠的伴侶，還要是知音，可信任的對象。因為對偏好SG的人來說，對感情的價值觀就是「攜手成長」。

偏好CT風格者則獨立性強、自信高、對關係的掌握慾強盛，希望伴侶能為自己「增光」。因為他們的感情觀其實是「行動與挑戰」，希望伴侶能一起積極的朝向有挑戰性的目標前進。彼此關係也像是一場精彩良性的博弈─相互衝擊而成長。

CH風格則務實、規矩、不輕易離棄，同時對情感表達很節制，因為在他們的價值觀裡，感情需要「理性與規劃」，讓彼此的人生保有各自的空間下，來規劃共同的人生。也在良好的情緒控制下，克制比起激情還要重要。

AD風格則幽默有趣，希望伴侶能夠時常給予自己良好的回饋，同時，也很在意伴侶的形象，希望對方基本上把自己打點得宜，對外有面子，也希望對方可以和自己一起享樂以及探索新的興趣。因為，對他們而言，愛情是一場「繽紛的享受與驚喜」。

只要釐清了自己的狀態，便能夠進一步的探討：那另一半能夠怎麼樣達成我的需求？我們應該如何溝通？對方在關係中，真正渴望的又是甚麼？

二、對方對感情的價值觀是甚麼？

親密關係畢竟是兩人關係，因此，在釐清自己的需求以後，可以開始嘗試著「換位思考」，觀察對方的偏好風格、行為取向與感情觀，從此去找到能夠貼近對方期待的方法。

很有趣的是，一開始你可能以為這是單方面的在滿足對方，但在這個過程中，通常也會發現，許多日常中的爭執，是來自對彼此的誤解，而非兩人關係真的已到了無轉圜之地。

例如：你可能總是嫌棄對方不願意好好聊天，打電話來也總是草草收尾，即便你對他抱怨一整天工作上的不順、同事不合、上司難搞，他卻反而對你說理，完全沒有同理，或者安撫你的意思，給予的回饋總是這麼稀薄，好似對這段關係心不在焉。然而，在對方的偏好CH風格的價值觀裡，也許他認定的感情經營就是循規蹈矩，定時聯繫是他盡責任的一種方式，是他對你的心意。他不知道怎麼「暖心」，也不擅於回應情緒化的言論，在對方的認知裡，給予你理性而實質的建議對你才真正有助益。尤其，他是這樣一個界線感清晰的人，若不是他在意的人，也不會花時間對別人的人生品頭論足。換言之，在這個案例裡，雙方的問題不是感情消逝，不是無心於關係，而是兩人對「關係應當怎麼經營」具有期待上的落差。

　　理解了這樣的落差，就能夠比以往更看得見情人的好，同時，也會知道該如何配合對方的認知。

三、兩人如何異中求同？

　　兩人相處，終究是求一個「最大公約數」，難免需要彼此忍耐、相互配合，但只要有心，永遠有「異中求同」的機會。情侶之間差異再大，也一定能找到彼此「橋接」的方法。

　　重點在於，看清自己、理解對方，先搞清楚自己的需求，再同理對方對自己的預設，知道彼此可能會有的互動，並儘量的以對方喜歡的方式對待他，並且避免使用情緒性的指責。也就是，既不遷就讓步，但又學習用更圓融的方式來面對情感課題。這不是自我中心的頤指氣使，也不是單向的遷就配合，而是用更成熟的態度來面對彼此的差異，一同處理勢必會有的問題：「彼此滿足就是如此困難」，要認知到對方本來就不可能是完美的伴侶，但雙方都可以微調，讓自己更靠近對方的需求一點。

LIFO對兩性關係的助益

　　在我們多年的開課經驗裡，時常有學員拿著自己的測評

結果來詢問：「像我這樣主風格是CT，次風格是CH的人，適合找甚麼樣的人交往？是不是只能找CT或CH？」又或者，在預測型的問題之外，也常聽到這樣的問句：「我是偏好SG風格，我女友是偏好AD風格，我們是不是不適合？」

然而，本來就沒有所謂的「最適合」，SG與SG交往可能彼此苛刻的用高標準檢視對方，AD與AD可能兩人都各有自己的場子，日子過得喧喧嚷嚷，但其實貌合神離。LIFO方法的用途也不是問卦求卜，預測雙方的未來，而是用一種務實的方式來看兩人「當下的關係」，並從中找到解決的可能性，讓雙方在關係內時，能夠維持相對正向而有建設性的溝通，深度自我分析，也換位理解對方，減緩不必要的爭執。

而若學員的兩性關係是穩定的，雙方也有意願要朝更穩定的方向發展。那麼LIFO會是很好的協助工具，增進對彼此風格的瞭解，就可以幫助對彼此未來的生活型態跟關係的發展。

而以下的篇幅，我們將把兩性關係的議題分為兩大主軸，在這兩部分的篇幅裡，會有四種不同風格的行為模式、對關係的期待，以及相處方法的討論。

一、初識階段：使用LIFO的框架，在剛認識時站穩腳步、判斷對方的喜惡、喜歡的相處模式，進而擴大建立關係的機率。

二、磨合階段：在初識階段，兩人的表現與互動通常與

關係穩定期有不小的差異，也就是，在關係初期，策略性的自我表現或者配合對方的行為可能比較多。但當熱戀期過了以後，濾鏡光環皆褪色，又該如何與自己的伴侶找到長期相處之道？該如何讓差異互補而非互相消磨折舊？我們將在後續章節有詳細的討論。

約會初期，依據對方風格決定相處之道

在遠距溝通、交友軟體盛行的現在，男女認識的初期，我們要怎麼提升自己的吸引力？到底該怎麼用冷冰冰的文字讓人對你有興趣？表情包跟貼圖要節制還是大量使用？其效果到底是輕浮還是高冷？要怎麼約對方才願意跟你碰面？前幾次約會又要怎麼表現，才不會讓人從此避不見面？

這應該是現世男女普遍的焦慮，佛系戀愛當道，原因可能不是真的清心寡慾，而是線上溝通、見面、決定交往的這些過程，實在太多社交細節，若沒有信心把握，不如裝聾作啞當懶人。

配合對方風格傳訊息

好消息是，LIFO方法能夠提供比較清晰的方式，讓你能夠清楚的解讀相處時對方給出的所有線索，讓你不至於在東

猜西想中繞太多遠路。

在職場上，我們都知道，首次接觸如果使用電子郵箱溝通，適當複製對方的風格容易得到更好的印象分。舉例來說，對方如果在工作交派時使用表情符號表達親切，那你就跟進。對方如果言簡意賅，那請也使用最有效率的溝通語言。

線上交友或者認識新朋友之後的後續聯絡，也是一樣的道理。只是要記得，因為你是談戀愛，不是當部屬，所以要揣摩對方喜歡被回應的方式，但同時也保持自己的特色。也就是，LIFO方法裡常說的：「用別人喜歡的方式對待別人。」只是再增加一句：「同時也用你喜歡的方式來回應對方。」亦即，在最開始的傳訊息過程，就要慢慢摸索兩人談話方式的公約數，讓你既能夠讓對方開心，同時又能保持個人特色，維持魅力。

與SG風格的約會要點：聆聽、尊重與回饋

若就對不同風格的回應方式而言的話，偏好SG的對象給的訊息通常比較細。舉例而言，你們要約見面，如果他選定一個餐廳，就會跟你解釋選擇這個餐廳的理由，這個餐廳哪裡好等等的，這種細緻瑣碎來自於對方希望你能夠「看到他付出的心力」，但又想要隱晦一點，避免突兀。

　　換言之，SG通常在行為表現上因為矜持而被動，你可能只會覺得他的訊息很友善，但不清楚對方到底是性格親切還是真的有戲。

　　因此，在回復訊息時，要記得能夠讀出這些幽微的需求，要適度地給予足夠的回饋，才能真正接到對方拋出來的球。不要只回應：「好啊，就約這家餐廳吧。」要回復：「謝謝你，我也很喜歡義大利麵，但道地的餐廳不多，你選的一定很棒，我很期待！」讓對方感受到你對這段關係有相等的誠意，並且可以解讀出他話語背後真正想傳達的訊息，讓他感覺到你們在喜好、品味與價值上的相似或者彼此理解。

　　除此之外，SG喜歡比較交心的談話，這是一個滿顯著的指標，能夠反映對方到底有沒有把你列入「可發展清單」。

　　他們通常樂於和人有深度的談話，是滿好的聆聽者，但他們也會非常敏銳於你有沒有在聽他們說話，所以請不要自顧自的誇耀，也要維持對話中發言與聆聽的比例，並多加關心對方的生活。在氣氛良好時，偏好SG的人願意袒露自己真正的想法，但要注意，當他在陳述自己的想法時，其實同時也在審視你跟他有沒有類似的價值觀。

　　他會講到自己在乎的事情，最近進行的事情與背後的意義，在初期認識時，就多聆聽、給予尊重，適度誇獎，並儘量不要干涉或批判對方的價值觀。舉例而言，若他說自己需

要十點前到家，請不要挑戰對方的原則：「成年人了，可以自己選擇幾點回家吧。」而是回應：「像你這麼在意家人的人越來越少了，我覺得你很特別。」

另外，偏好SG者也容易較真，相對容易感覺到挫折。所以請誠心誠意，不要故作高冷、假裝難約或者欲擒故縱，請拋下以前看過的所有兩性之間的「必勝把戲」，如果你想要維持姿態、端架子，那對方可能就真的覺得你不想見面了，或者他會判讀為你對這段關係並不看重，所以他不在較優先的順位。

簡言之，和偏好SG風格者約會，重點在於讓對方感覺到你的在意、你對事情的看法，以及你能夠欣賞他的價值觀、你對這段關係有誠意，你能夠和他有生活瑣事之外的深度交流，如此一來，兩人就有很大的機率成為相知相惜的伴侶。

直球對決，屬CT風格的溝通心法

和SG風格大相徑庭，CT在初識階段時看起來最具有攻擊性，有時候甚至有點失禮惱人，就讓我們來看看偏好CT風格的異性，到底都在想甚麼。

CT風格的特性

和偏好CT風格的人約會，可能會納悶：「這人怎麼總是在講自己？」把約會對象當成觀眾，全世界都是他們的舞臺，洋洋灑灑講一堆自己的成就，強烈的自我推薦，但對他人的回饋（你可能已經托腮撐頭不耐煩了）好似不太敏感。

CT給人的感覺比較不擅聆聽、不細緻的走內心戲路線，處理關係的節奏疾風厲行，同時也較自我中心。他們行動迅速、獨立性強、自信與自尊心旺盛，喜歡主導事情（如果你有選擇障礙，那跟他們約會滿輕鬆的，因為他們會自行做好所有的安排），經營感情像博弈，有時候你也許會有點困惑：「到底這人是把我當成有挑戰性的標的，還是真的有戀愛的感覺？」然而，偏好CT者的目的性強、結果導向，其實也是他們的魅力以及令人覺得心動的原因：他們不矯情、有興趣或沒興趣總是表現得很明顯，想要和你發展，就一定會發起行動，而不會花費時間在猶豫蹉跎，錯失機會。

直來直往是最好的溝通方法

我們的學員Amber在LIFO兩性課程中曾經分享她和CT男約會的故事：「我在關係初期，其實覺得這人有點自私，讓人不舒服。像是他時常心血來潮，立刻就想要約到你，但在

討論約會的時間地點時，又只考量到自己很忙碌，所以總是挑離他公司最近的地方。有時候甚至是工作時午休一小時，根本就不是甚麼方便或者寬裕的時間，馬上傳訊息給你，問你有沒有空？到他公司附近一起吃個飯。」然而，在勉為其難的配合對方幾次以後，Amber開始不再客氣，遇到類似狀況時常直接回：「我剛好沒空欸。」「你約的時間對我不方便，我也要工作。」「地點離我太遠了。」她以為對方會因此受挫，這樣直接的語言會損耗他們之間的關係，殊不知，對方毫不在意，下次依然繼續約她（也算是CT的依然故我跟越挫越勇的優點），而且也接受了她所說的話。

　　這就是偏好CT者的好處，他們很直接，對人不太委婉細膩，但也接受他人坦率的表達。與CT相處，不會有各種彎彎繞的猜心思過程，他如果喜歡你，那他就會馬上約，而不會磨磨蹭蹭，只是每天傳個早安晚安，今天好嗎，兩周後連面都沒見著，八字都沒一撇。他們可能不會花費大量心力和你談心（對他們來說，這些是枝微末節），在線上溝通上，也都俐落明快，直指核心（你周末有空嗎？一起看電影？）而不會有大量溫情的噓寒問暖，他們採取一種「見了面再說」的態度。

一起當充實的勝利組

他們會很大方的分享自己目前進行的事情、事業的發展、專注的目標，你也可以用相同的方式回應，和對方侃侃而談自己現階段的計畫，對未來的預設，想要去嘗試的冒險等等（有時候你們的談話可能會有點像探戈，一來一往，無比精彩而充滿激情，但同時具有一種鬥性）尤其如果雙方都在衝事業階段的話，偏好CT者會是挺好的討論對象，因為他們有很多想法與不停更新的目標，所以可以互相激勵。

處理和CT關係的心理準備

然而，如果你判定目前的約會對象是偏好CT風格，很有企圖心、很有勝負與表現慾，同時行動能力極強，卻弔詭的對你不溫不熱，好像沒有直接出擊，那麼，也不用多想了，他其實就是沒那麼喜歡你。

如前所述，CT對自己有興趣的對象，熱切總是表達的很明顯。他們很好理解，同時也算是好預估掌握（雖然他們的溝通模式有時候有點煩，但同樣的，他們與人建立關係的方式也很固定），如果對方CT特徵明顯，卻又不約，那你可以稍微退一步，冷淡一點，觀察一下對方的選擇與應對。也就是，你要給對方一個「明確表態」的機會，一方面是讓對方

能夠表示他們的心態，另一方面也是讓自己可以看清楚兩人之間的關係，而不是總在被主導的情況下，失去了方向。

除此之外，CT風格的追求者，常常會在有競爭對手時，顯得更積極努力，強烈而主動，一副得不到就不罷休的姿態。然而若真追到手後，才是關係考驗的開始，因為他們可能享受「勝利的成就感」大於對你的感情。當那種成就感退卻後，關係也跟著冷淡。因此，在和CT相處時，需要讓自己也活在一種「動起來」、「一直在前進」的狀態，也就是要很有主體性，才不會有被對方丟在後面的受傷感覺。

CH風格的理性未必是疏離，你比自己以為的更有機會！

在相識初期，最忐忑的大概就是：他到底對我有沒有意思？他這樣說話，到底想要暗示甚麼？我是有機會還是沒機會？

這是和CH風格者約會時，時常有的困惑。現在就讓我們來談談偏好CH者的行為取向，讓在感情裡患得患失的各位能夠釐清對方的變化莫測，究竟傳達了甚麼訊息。

CH的情感特質

　　偏好CH風格的人，在感情上，通常是很講理的（也就是，遇到他們，基本上你的日子是平順的，不用擔憂充滿了戲劇性的衝突跟跌宕起伏）。他們遇事講理、態度客觀，能把事情分析的透徹而周全。然而，這些看起來是優點的特質，放在感情關係裡，難免就會造成他人的不安（尤其你們現在還在曖昧階段，還沒有確定關係時，更是苦於確認對方的心意），畢竟，如果一直都能這麼理性，那是不是代表這個人對我不在意？或者，內斂節制，有時候和陌生冷淡只有一線之隔，到底對方是不擅表達情感，還是對我沒情感呢？

　　CH喜歡就事論事，談話裡比較不摻雜情緒性的意見或者個人意味太強的評論，相對而言比較慢熟，很難讓人摸清他們對你到底有沒有興趣（時常他們自己也不清楚），他們通常的做法是多搜集你的個人信息、各種身世背景以及思考的方式、喜好等等，從中緩慢的去摸清楚自己到底對你有沒有想要進一步發展的心意，以及判斷你們之間到底相不相合。

關係初期謹慎觀察

　　換言之，雖然CH比較悶騷被動，但如果他有興趣知道更多你的狀態、聆聽你講述的內容，固定的回復你的訊息（未

必熱情，但穩定的都會回應），那就已經是一個很好的開始了，代表你至少是觀察對象，代表他至少願意搜集你的資訊，願意分析跟規劃與你之間的關係走向。

不躁進的應對

你可能要忍受一下這種狀況不明的階段，對偏好CH者的應對最好打安全牌，他問你問題，你就好好地回答他，可以拉長時間在互相瞭解，而不用馬上進入關係。不要太強行要對方很快地做決定，要放寬心，對自己（以及對方至少都還保持聯繫）保持基本的信心，並且能夠接受「對方知道我的信息，比我知道對方多」的情勢。

偏好CH者因為性格理性，在談話時可能時常出現這樣的狀況：「這件事情雖然好像是這樣，但我需要思考一下。」「我認為這樣比較好，所以我這樣做。」，也就是，他不會去強調自己的感受，反而比較強調自己的思緒。與之相應的，你也可以適當的分享自己對事情的分析與評判，只要對方一直有回復，就是一個有共鳴的徵兆。

CH自我袒露度低，要更熟以後才會慢慢分享自己的事情，和CH拍拖，有點像是一個挖掘的過程，要慢慢來，不要強迫對方表態，也不用講出太躁進而情感性的語言（像是「我真的非常喜歡你」），對方會很疑惑，認為雙方之間根

本認識不足，怎麼可能有感情基礎？

　　和CH約會，基本上就是一個溫水煮青蛙的過程，需要慢慢來，讓對方習慣與你的相處，再慢慢敞開心房。但有趣的是，他們通常喜不喜歡／有沒有戲也都很清楚，只要他們確認自己沒有想要跟你發展，就會滿直接的不怎麼聯繫，如此也不會多浪費彼此的時間。

AD風格自來熟只是保護殼，找到進入對方內心方法

　　乍看之下最好接近、約會起來最愉快的AD，在相識初期時，需要注意甚麼呢？

　　你也許會問：「AD有甚麼好說的呢？他們不是都很親切自來熟嗎？」其實，最恐怖的不是淡漠或是霸道不受控，而是人人友善人人好，但你無法確認他真實的想法，亦無法搞清楚對方是不是對誰這麼曖昧。

AD的兩性風格

　　偏好AD風格的人，在說話時，總是喜歡說「我們」，即使你們還沒有很熟，就已經被囊括成一個共同體：「我們可以一起去某個地方」「我們可以一起做某件事情哦」，對比

較怕生害羞的人而言可能會比較不習慣這種迅速的、拉近距離而無界線感的進展，但往好處想，你可以放寬心，好好享受你們的約會。對方會很關照你的感受，會很照顧你，絕不會冷場，而且會讓氣氛幽默輕鬆又愉快。

由於AD是最浪漫、最擅長使出花招的，他們通常交友廣闊，有許多豐富的談資、精彩而且形象營造的很良好熱鬧的社交生活，因此，他們會是很好的約會對象，無論是交談、安排行程，或是給予恰到好處的驚喜，都可以處理的很盡善盡美。

然而，若仔細深談，你可能會覺得對方有點沒原則，可能在交談時，他對某件事情的態度會隨著你的表態改變（例如，明明他上次就說喜歡吃西餐，但看到你更喜歡中式料理，就改口說還是家鄉味比較習慣），對方會隨著談話氣氛不斷的改變立場，你可能會覺得：「這人怎麼回事？是說謊成性嗎？」但其實，對方只是很有彈性，而不是故意要說謊哄騙你。

約會初期要成功，有一個很重要的關鍵在於，不要用最壞的角度來揣測對方。你的約會對象，大部分的情況都是和你差異很大的人，有著不同的成長背景、生命故事、價值觀以及行為風格，不要用自己的那套觀點來批判以及過於武斷的打對方分數，要給予大一點的空間，讓差異能夠有對話、相融以及互相適應的空間。

按照這個原則來想的話，你的心就會像明鏡一樣，看出AD的說詞反復，其實不是因為對方不老實，而是因為他在乎你的想法，因為這些事情、這些枝枝節節的喜好問題，對偏好AD的人而言都不重要，和諧相處、開心圓滿的會面才是他最核心的關切。

如何走進AD的內心？

討好AD其實有點難，他們會把你的需求放在前面，儘量配合你，於是你總是被滿足，但其實很難找到對方真正的需求。

但有幾個大方向還是可以掌握的，首先，他們喜歡和諧，請不要沒事找架吵。如果頻繁的爭執，對方會好好哄你，如果質問他，他會挑好聽話來說，但對他們來說，這一切的衝突解決過程，是很不舒服的。可以妥貼的處理，不代表他們真的樂意。所以請儘量維持關係的良好、輕鬆與彼此友善，戲劇性固然浪漫，但也很累人，偏好AD者比較不喜歡負擔很重的關係，所以請別把對方嚇跑了。

再來，雖然偏好AD的人們比較像百變怪，好像搭配不同的人，就可以轉換成千萬種相異的樣貌，但他們其實也有真實的想法、確切的偏好、最心底的偏好與思維，只是他們有「友善以及高配合度」的保護殼，等到你讓對方覺得你們的

關係安全，足夠深厚，沒有破裂的危機以後，才會開始進行比較深入的自我分享，也才會表現出比較真實的一面。

換言之，如果偏好CH者給人拒人於千里之外的感覺，讓追求者無法攻破其內心，那解決方法就是慢慢來；而偏好AD的人們，你可能甚至不會發現自己並不瞭解對方（因為對方總是讓氣氛很好，好像你們有很良好的溝通），那要讓關係更進一步的祕訣就是，要讓他安心，要讓對方有舒適感，知道無論如何你都不會覺得討厭他，關係無論如何都不會受到他的不同意見而損害，對方慢慢的也就會放下保護殼，對你袒露真心。

最後，在相處上，你自己也要有基本的情商。AD最重視朋友，因此要接納與尊重對方的社交需求。在一大群人並且有他的朋友的情況下，請好好的應對，不要讓大家不開心或者尷尬。偏好AD的人，最怕大家不開心，如果你總是在團體活動中擺臭臉、不講話、端架子，那一定會被AD列為拒絕往來戶的。

判定AD的態度

如前所述，AD在感情上，給人一種「好像很順利，其實不然」的莫測感。和你見面的時候，無論如何都會維持場子的熱度，但如果對方不喜歡你，只是硬要讓場子好看的話，

之後可能就再也沒譜，他們不會講甚麼難聽話，但可能會說很多漂亮的藉口，卻怎麼樣也見不到面。又或者，拒絕單獨約會，要求和一群朋友一起，其中又對你不特別關注，這其實就是拒絕的象徵。

但如果他喜歡你，你可能很快就會見到對方的朋友圈。他對你有意思，就會想要你也認識他的朋友，同時讓他的朋友來觀察你。AD風格希望的是讓他的朋友也認可你。因此，要稍微忍耐一下未必是一對一的約會，要識相一點，學會融入朋友圈。約會初期儘量不要太跟對方抱怨：「為甚麼每次都有其他人，我只想跟你獨處。」因為觀察他與朋友的互動，其實也是很好的，深入認識對方的管道，好好把握這樣的機會，讓關係能夠走更遠。

從以上四種風格特性的說明，如果你能好好運用，成功的約會三次以上了，恭喜你在初期瞭解的階段算是有進展，如果你在這一期就碰釘子了，那也沒關係，就接受事實，就當作多認識的朋友，多累積自己的約會經驗，下次會處理的更好。

LIFO方法向來強調人是不斷進步的，記得保持繼續積極的心態，不要灰心。

感情是雙方的，不要太委屈自己，畢竟，在關係的初期，一切都還有變動可能，學習尊重對方的風格，不要求對方改變，但同時也要用同等的誠意來對待自己。

磨合期的解方：真正聽懂對方的訴求

　　CH風格的Ellen和SG風格的女友Jessica在關係穩定以後同居，剛開始一切很順利，女友很體貼，彼此又對未來充滿了憧憬，一起在下班後的時候採購家具、布置新屋以及烹煮晚餐，過著親密愜意的兩人生活。然而，日子久了，Ellen發現Jessica時常會用一種酸言酸語的方式對他抗議，以一種隱微的抱怨來宣洩自己對於Ellen的不滿。

　　由於Ellen的工時比較長，回到家就晚了，假日又幾乎都在休息，因此維持家裡的整潔以及添購各種生活用品這類型的事情，就幾乎都落在Jessica身上。而讓Jessica最受不了的是，每當她表露負面情緒時，Ellen時常用逃避退縮的方式假裝不知情，而不願意直接處理。當然，對Ellen來說，也受不了Jessica的「情緒化」跟「不講清楚」。以Jessica的風格來說，她會認為自己盡心盡力，而伴侶應該要觀察到她到底為甚麼生氣，而不是還需要她告知跟釐清。

　　Ellen評估女友似乎是在憤懟自己沒有分擔家務，因此以一種賠罪的心情認領了每周日的倒垃圾（CH風格的理性有時候會變成一種僵硬的計算：你覺得我少做甚麼，我就補強，而缺乏根本性的覺察對方的情感與情緒）。然而Jessica並沒有因此比較釋懷，反而認為Ellen好像認為倒垃圾，就能把一切的家務勞動打平，但她付出的程度，遠遠超過每周處理一次

垃圾。

　經過一段冷戰期後，Jessica才終於說出自己的想法：她的憤怒表面上是關於家事的分配，但爭執的核心其實是兩人對這個家的心意不均等。

　也就是，她認為Ellen溫吞、被動，並沒有像她一樣注重這個家，只是把租屋處當成一個休息的場所。Ellen知道Jessica的心結以後，改變了自己的行為模式，下班以後不再只是滑手機打遊戲，會花時間陪伴自己的女友，經營有品質的談話，並一起進行一些簡單的日常活動（像是購物與散步），也會比較積極而主動地為整個家的運作做考慮，例如預先購買好備用的衛生用品，或者考慮家裡的需求，進行家具的添購等等，也就是，以一種更有「參與感」的方式來過兩人的同居生活。

　Jessica的不愉快也因此減緩很多，畢竟，她並不是不能理解Ellen的工作忙碌，Jessica對Ellen在日常生活中的尖銳態度，並不是真的要他在疲累過後還要打掃家屋，而是要他停止「心不在焉」，要他對他們的生活「暖心」，她需要的是Ellen在日常中「主動證明」兩人對關係的誠意相等，她需要感覺到對方的聆聽、支持以及在意，而不是只有她在經營與投入。

　Ellen和Jessica的案例顯露了感情磨合期很經典的爭執：以前是優點的特質，進入關係穩固期後，就變成了性格上的瑕

疵。Jessica的細緻、貼心、照顧人、奉獻精神，成為了幾乎是勒索的一種情緒壓力，是兩人相處上的情感成本；而Ellen的穩定、忠實、仔細與實事求是，成為了讓人厭煩的退縮、遇事不管、忽略情感性的經營、凡事只能理性討論、僵硬的公平。

然而，缺陷和優點一向是一體兩面，在關係初期感受到的對方的良好品質，並不一定真的都是偽裝，多多少少還是有真情流露的成分，而這些當初令人著迷的部分，並不會在相熟以後就會完全削減。關係進入磨合期，並不是對方真的「變了一個人」，很多時候，只是把原本因為深陷熱戀，充滿對戀人的誤讀與過度美化，適度的「還原」而已。

那麼，我們應該如何解決呢？

一、培養關係中務實的觀點

首先，就如前面所述的，針對親密關係，我們需要培養一種比較接地氣的觀點。藉由使用LIFO的認知框架，我們能夠更清晰的明瞭對方的感情價值觀、行為取向，以及對關係的既定期待。在有這些資訊的情況下，我們比較能真正知道對方平常行為的涵義，而不是用自己的慣性與情緒反應去擅做揣測，也比較能夠進行有效溝通。舉例來說，Ellen如果沒有綜合性的考量Jessica的感情觀與對關係的盼望，他可能就

以為自己女友是在計較家務勞動、性格嬌氣，還自顧自的生悶氣，需要人哄。唯有當Ellen把Jessica的風格取向放進來思考時，才能意會到原來她想要的是「家」的感覺，渴望的是有品質的陪伴，她不是真的在意家務的分配，也不是公主病的作天作地，而是希望並且預設男友像她一樣心思細膩，能夠體察到她辛勤付出背後的兩人願景。

在這樣的基礎下，同時對自己建立一種健康而務實的心理建設。「靈魂伴侶」是個有毒的概念，讓人陷入一種零和陷阱裡，而令你總是無法滿足，總是覺得「對的人」在他方，而不是此刻遇到的這個人。

不要吃碗內、看碗外，要認清人間沒有完美關係，你的情人讓你憤恨的地方，時常就是當初吸引你的部分。以理性的思維來看待兩人的關係、雙方的差異，並且努力提升自己經營關係上的成熟度，減少自己的情緒反應，進一步的去尋找共同點，而非差異點。若彼此沒有共同點，那試圖作風格的「擴展」與「結合」，讓兩人能夠把彼此的特質進行精彩的互補與協力，而非總是當相互爭執不休的隊友。

二、用對方的語言，表達自己的訴求

概念面建立好以後，就是比較實務的溝通細節了。兩人相處，最重要的即是溝通，溝通從來就不只是表意，不只

是論是非、求對錯；還是兩人培養連結感以及互相理解的橋梁。

　　然而，溝通的困難，有時候不在於有沒有心（某些時刻即使你充滿誠意，依舊無法聽懂對方到底想要表達甚麼），而在於，很多時候你們彼此使用的並不是同一種語言，亦即，你們各自有自己接收訊息的方式，而對方說的話，恰巧無法打中你的痛點，導致那些話語皆無法真正進入你的耳朵。

　　舉例而言，一位CT風格的女友Sharon，在關係裡比她AD風格的男友Carter強勢，很多事情她說了算。當她男友在找工作時，她很喜歡干涉跟做出評論，因為認為對方「太過沒有野心」、「都不放手一搏」以及「總是為了奇怪的理由退縮」，不敢跳到比自己目前更好的位置。她擅自為對方張羅很多資源和人脈。這位男友因為很熟稔於社交也喜歡熱鬧，所以並不排斥這些場子，但久而久之也感到厭煩，看起來好像能夠錦上添花，但這些朋友也不是自己的朋友，也沒辦法真的怎麼樣，Carter認為這些人際關係成了女友控制自己的一種方式。

　　當他們爭執時，Sharon說出的話是：「你為甚麼就不敢去爭取一下？」Carter聽了覺得受辱，覺得面子掃地，明明自己條件不差，別人也都當他是個青年才俊，為甚麼在這裡被女友嫌棄？但Sharon真正想要表達的其實是：「我看你每天

工作不快樂，但你明明值得更好的。」如果她用這樣的方式
說話，AD風格的男友首先會服軟（AD風格本身就不喜歡爭
執，對爭執甚至有點逃避的傾向，只要有臺階，一定會好好
下），而不會被女友的直接給刺傷。

　　而Sharon如果再進一步的說：「我知道你沒有那麼功利，
不在乎工資的高低，但你有那麼多創意，可以到更光鮮亮
麗、更好的舞臺，讓大家知道你的才華，而不是在這裡做容
易被取代的工作，埋沒掉你自己。」那Carter也比較聽得進
去。確實，Carter對事業沒有那麼大的競爭心，有點得過且
過、虛度光陰，但他在意別人怎麼看自己，想要在體面、舒
服、可以發揮想像力而不是總是處理行政庶務的職位。女友
的這番話有說進他的心裡，不僅讓他真的有思考改變的可能
性，也讓他感覺到Sharon的關心，Carter其實喜歡女友的積極
與熱情，她像是奔放的激流，推動他探索與改變，豐富他的
人生經驗；但當Sharon的咄咄逼人以及攻擊性傾向開始時，
Carter就會認為她太自信、干涉性太強並且有太強的工作狂傾
向。

　　由這個案例可以看到，很多時候兩人之間溝通的謬誤，
並不是來自想法真的無法交會，而是你需要懂得如何「用對
方的語言來表達自己的訴求」，Sharon的訴求是自己的男友可
以更上進一點，她希望她的伴侶和她旗鼓相當，那她表達自
己訴求的方式應該是技巧性地以對方在意的點來說話，而不

是像一開始那樣一股腦地給出一堆自己風格在意的「狼性」價值觀，這樣只會徒增自己伴侶的反感。

以「橋接」的方式，找出伴侶最偏好的溝通方式，根據伴侶的偏好，調整自己對他們表達意見的方式。跨出自己原先的價值觀與風格，學習如何針對另一半的行為風格進行溝通，那麼你們兩人會少走很多的遠路。

建立良好親子關係，
需要建立更有效的認知框架

照顧孩子，把孩子養大，看他們的世界從只有父母到向外發展，看他們從依賴、仰慕雙親到叛逆的就像是生來要反對你，好像他們變成不是你生出來、親自身帶大的小孩。但與孩子之間管教與介入的界線到底應該如何拿捏？生為父母，注定就是一種多重角色，既是照顧者、保護者、管理者，同時又是朋友、家人與楷模，如此難的身分，到底應該如何拿捏自己的位置？

親子關係是一場漫長的雙向磨合，父母撫養教育小孩，陪伴與共同經歷孩子的前半生，然而，養兒育女的悖論在於，小孩在獨立之前一切都靠你，但脫胎於你的終究是異己，父母即使供給所有物質與非物質的需求，孩子還是不是雙親的延伸，而是具有思想的獨立個體。

LIFO方法的核心在於價值觀以及行為風格，當用這套系統來檢視親子關係中的親密與疏離、控制與悖離、期待與傷害、依賴與出走時，便能抽絲剝繭的看出偏好不同教養風格的父母，具有甚麼樣的教養慣性，在親子關係裡具有甚麼樣的傾向與良好品質，同時又容易因為哪一方面的焦慮而造

成過當行為。以及，最重要的，當父母處於壓力和衝突情境時，應當如何的避免過當行為、建立自覺與努力的方針，讓人從會造成焦慮與受挫的行為風格中解脫，迎接比較健康的親子互動。

這個章節，就讓我們用LIFO來談談常見的兩大親子問題，這兩大問題關乎介入的尺度，以及父母如何用孩子可以接受的方式扮演適當的角色。

良好互動與管教的兩難

中國的父母在經歷過教養典範轉移以後，現在多半採取一種「半開明教育」或者「愛的教育」，也就是，大部分的父母，已經不再像上一代一樣採取高權威的方式管教。

這就造成了一種很有趣的現象，許多父母在職場上可能偏好掌握／接管（CT）風格，但在親子關係裡，卻非常的順應／妥協（AD）風格。職場風格與親子關係風格天差地遠代表了發生在這代父母身上的一種張力：許多家長提供子女優渥的物質環境、站在子女的角度考慮、努力給小孩他們需要的養分與教育，但同時，未必真正理解自己孩子的想法及需求。雖然父母極力的想滿足子女，卻也對子女有自己期待與要求，這就發展成一種「父母其實有控制慾但又需要表現出友善討好」的心態矛盾，親子都在這種矛盾的互動之中感到

困頓及挫折，父母覺得現在的小孩是不是都「管不起」？子女則認為爸媽幹嘛「裝開明」。然而，良好互動跟適當管教從來都是不相悖的兩件事。孩子可能不服的不是管教本身，而是你的管教行為讓他感覺到的只有限制而沒有道理。因此要兼顧適當管教與良好互動的關鍵在於，你如何讓孩子感受到「有理」。

根據多年的開課經驗，我們認為兼顧教養與維持良好親子關係有兩大重點。

一、依據子女的風格調整教養行為：要足夠理解子女偏好的行為風格與價值觀，並釐清自己的教養風格，適度的依據子女的風格進行調整。

這裡有個很好的例子：Mike是位以操盤股票為業的父親，在大兒子Jack出生時，就帶著一家移民澳洲，之後有了小兒子Ben。兩個小孩的個性、興趣都差異甚大，Jack偏好CT風格，從小就夢想到美國發展，覺得步調慢、悠哉的澳洲太過無聊，他一路在雙語教育下長大，文科理科甚至藝術科都非常優異，成長過程都在不斷的比賽、拿獎牌中度過，而高中畢業後也如願的到美國史丹佛大學念商科。

小兒子Ben則偏好AD風格，在他高中以前，都表現得非常優秀，他在藝術方面的天分高過於理科，是合唱團的領唱，也在管弦樂團擔任重要的角色。然而，當Ben升上高中，需要決定自己的未來發展時，他突然像是癱瘓了一樣，再也

運轉不動了，他變的很迷茫，總是花時間和朋友閑晃，在父母眼中好像不務正業，每當父母詢問他的人生方向時，也總是嘻嘻鬧鬧的轉移話題、以輕鬆的態度來逃避。

這個狀況讓Mike很擔心，不知道哪裡出了問題，小兒子本來也都很優秀，為甚麼突然就好像失神了一樣呢？

排行影響了大人的關注焦點，也讓Ben長期都在「哥哥的陰影」底下，Ben從以前就是個乖巧、可愛、討喜的小孩，貼心、照顧媽媽，而且有老大特有的那種會看眼色與識時務。但雙親只感受到他偏好AD風格甜蜜的那一面，卻沒有照顧到他所需要的受到關注、鼓勵創意發展以及讓他感覺到自己是焦點的需求。

雙親對Jack感到驕傲，因為Jack似乎不用管教就自動自發地做好所有的學習，甚至訂好自己的人生目標，是個不用操心的「有野心的小孩」，天生就像勝利組。Jack喜歡競爭、抗拒控制（他自己可以管好自己，所以不太需要管，也不能管）、敢冒險，而且想要讓自己獨特、從小就希望能和大人平起平坐，希望能和父母還有周遭證明自己的本事。

恰好作為父親的Mike也是這樣的性格，一路的養成與訓練也是類似的路徑，因此他非常欣賞自己的大兒子，覺得這很像自己、很行的通，家庭教育也就維持著這種「亞洲菁英教育綜合西式親子界線感清楚」的路線。

但這種路線其實並不適合Ben，對他來說，這種無止盡的

自我要求、沒人管你卻有種隱形的壓力要自我精進、親密度不足,及沒有人認真給他掌聲的教育方法壓力大而且孤獨。有個哥哥在前面領頭,他做的再認真也沒有用,更何況他其實想要的也不是狠拚一把的人生,他覺得待在澳洲很好,他想要的是輕鬆但可以有舞臺、有才華可以發揮,但整體環境安穩的日子。

　　Mike應該做的是調整對待Ben的方式,花時間陪伴他,讓他知道父母看的到他身上獨特的優點,給予讚美與鼓勵,同時要用開放的心胸對Ben採取不一樣的標準。Ben沒有野心,那不是因為他懶惰,而是因為他想要的目標就不是爬到頂尖。但他有不可取代的藝術天分,有高過哥哥的人際手腕與情商,同時他也頭腦靈活很懂得如何在不同的場合有不同的表現,這些特質都可以看出未來Ben絕對也不會混得太差,雙親對他的擔憂很多來自於比較心理,而不是真正理解他的狀況。當意識到這一點以後,Mike就能採取比較能被Ben接受的方式來和他討論將來的大學、科系與領域選擇,比較能夠真正的協助到小兒子,也終於開始處理老二長久以來的心結,讓親子關係有更好的可能性。

　　二、教養中的意圖、行為與影響的一致性:要很清楚知道自己用甚麼方式對待子女、而這樣的對待會有什麼樣的後果。也就是,你的意圖、行為跟影響是不是一致。

如果意圖（價值觀）、行為（實際做的）和影響（你在孩子眼中的模樣）這三者之間有落差／矛盾，那就要注意調整，因為這時常導致劇烈的溝通不良與親子衝突。

舉例而言，如果你的**意圖**是要小孩能夠有好的發展、長大之後對自己的未來能夠更有「選擇權」而不是被選擇。但你的**行為**是幫子女安排非常密集的課業學習，那在**影響**上，小孩可能只感覺到父母視升學求取高學歷為第一甚至是唯一之路，而無法感受到父母希望孩子能有多元發展機會的苦心，而最後結果也會因為子女的叛逆心理而達不到目標。因為對子女而言，他們只覺得父母在乎成績，在乎你給他們的面子，而無法理解你的意圖背後所包含的愛與相應的考量。

換言之，父母如果能夠釐清自己與孩子的風格特性、釐清自己對孩子施加的管教與自己的核心價值之間是不是相悖，那就可以更改很多不自覺的過當行為，同時，也能促進良好的溝通，讓子女真正瞭解父母的擔憂以及教養的苦心，也就避免了很多彼此的彎路。

親子關係是長期且動態的互動，每個小孩都是差異的個體，因此，很難用一套簡單的標準模式就能解決問題，但當父母開始觀察子女的反應、開始依據其反應自我調整、開始學習如何讓自己的教養目標與教養結果一致，就是一個很好的起步。

職場風格與親子關係風格的混淆

在工作時間無限擴張的職場文化下，父母們能夠用在親子互動的私人時間十分稀少，這種情況導致某些父母沒有時間與孩子相處而生疏，因此使用職場所慣用的相處／管理模式來對待孩子。

舉LIFO課程中的學員為例，曾經有個任職於科技業的父親，他在職場上較偏好CT風格，在親子關係裡也一致的較常使用權威式的管教。某次他糾正子女的錯誤，被小孩回一句：「我不是你的部屬，我不需要聽你的。」這句頂嘴對那位父親而言當然是非常震驚的當頭棒喝，在孩子不滿的情緒性發言之外，深究背後的意義，其實是一個警訊：小孩的「不服管教」，未必是真的叛逆或者不想遵守規矩，更多的可能是對於父親長期不在場的抗議；而父親又不諳溝通，使用了僵硬、上對下的語言，更加激化小孩對關係中的長期不滿。很多家庭關係的問題，都是來自於把自己工作的管理風格放在小孩身上，然而，這樣只是讓小孩感覺到「爸爸與我不熟」以及「爸爸只想用對他來說最方便的方式來管我，而不是關心我」。這個案例彰顯了在各式各樣的關係裡，要使用相應的方式轉化自己、要用不同的方式來對待不同的對象與關係，否則，只會越來越失去孩子對自己的情感。

　　學習LIFO方法，在親子教養方面的幫助是提供一個著力點，給予理解跟重新核對、改變認知的穩固框架。大部分關於親子相關的心理學討論都著重在兒童幼兒期的發展，然而，親子關係是一輩子的，子女長大了，有主見了，才是親子關係最多張力，需要費心磨合的時期。因此，LIFO這套以管理及人際心理學為架構設計出的培訓方法，其實很有助於家長理解孩子的核心價值觀、長處以及職涯發展的潛能，有了這些理解後，才能陪孩子走更長遠的路途。

LIFO®親子教養風格自我檢測

1. 請閱讀所有內容，不要過多考慮，答案沒有好壞和對錯，按照自己的想法做答。
2. 請您回想一下平時與孩子相處時的經歷，依照實際情況進行作答。

以下5欄共20個描述，請從各欄中勾選出2個較能描述你的句子，共勾選10句：

1.□ 我對孩子要求要儘量把作業做的完美。 2.□ 我常常會要求孩子做事要迅速不拖延。 3.□ 我要求孩子生活習慣要井井有條。 4.□ 我能應孩子的需求而改變時間安排。
5.□ 我會說服孩子去學我希望他學的東西。 6.□ 我會替孩子規劃時間表和安排活動。 7.□ 我能和孩子打成一片共享樂趣。 8.□ 我把子女的需求看的比自己的重要。

9.□ 我會跟孩子講道理並非分析問題的困難點。
10.□ 我能敏銳的覺察孩子的情緒並運用同理心傾聽。
11.□ 我願意花時間教導和指引孩子一起面對問題。
12.□ 我會直接指示孩子如何做事和解決問題。

13.□ 我會鼓勵孩子去嘗試各種有興趣的不同事物。
14.□ 我常常教導孩子為人處事要遵循道德原則。
15.□ 我會要求孩子去做一些他不敢做或能力不足的事。
16.□ 我常常教導孩子遇到事情要冷靜並講求事實。

17.□ 我會先相信孩子所說都是真話並信任支持他。
18.□ 我會告訴孩子要建立自信心並勇於和人競爭。
19.□ 我要求孩子從書上或周圍表現好的人身上學習。
20.□ 我常常讚美孩子並告訴孩子他值得被人喜歡。

　　將你所勾選的句子，對照下面各個風格的答案，把數目加總起來，填入下表相應的風格欄位，數字最多5，最少0：

組別	SG （支持型）	CT （掌握型）	CH （持穩型）	AD （順應型）
總勾選數				

註：這並非LIFO完整的問卷形式，僅用來簡略瞭解自己傾向於何種LIFO風格

【解答】

SG支持型	CT掌握型
1，8，11，14，17	2，5，12，15，18
CH持穩型	AD順應型
3，6，9，16，19	4，7，10，13，20

給SG風格雙親的建議：
放手是對獨立最好的練習

要如何在教養與過度干涉之間取得良好的平衡？

又該如何在給予孩子好的發展資源與過度完美主義之間找到中間值？

這兩者似乎是偏好支持／退讓型（SG）教養風格的家長容易有的課題，就讓我們談談SG教養風格的長處與容易有的困境。

陪伴奉獻型父母

偏好SG教養風格的家長希望成為子女的人生導師、教導子女要多為別人著想，通過對違反道德原則的事件表示意見來教育子女，並且期望灌輸給子女恆久的價值觀。因此他們

通常具有耐性、對小孩帶著支持與諒解的態度，願意花費大量時間聆聽、教導與指引孩子，屬相當關心子女的類型。

然而，長處與短處是一體兩面，SG風格的家長投注大量的心思在孩子身上，同時也就可能帶給子女同等分量的壓力。在非常用心於教養的另一面即是過度關照，因為花費了大量的心力在教養上，因此容易用造成子女愧疚感的方式來指責對方，並且對子女有過高的標準。

此種高標準除了是成就上的，還是道德上的。這樣的父母會說「我們對子女的期望很高」。他們的價值觀與理想性展現在判斷是非上，對於自己的孩子應該如何言行舉止有極為理想化的想法。「要成為一個誠實、同理他人的人」、「做人要有原則」、「我們這是愛你，是為你好」、「為甚麼不能體諒父母的辛苦？」當孩子達不到他們的期望時，他們會讓孩子覺得有罪惡感，他們會借著收回對孩子的愛來懲罰孩子。也就是，在壓力情境下，SG型的父母容易擺盪在兩極：也許是對孩子進行情緒勒索，讓子女配合自己的準繩；又或許是屈服於孩子的要求、自我犧牲奉獻，並且創造一種和子女之間雙向的過度依賴關係。

長期被SG風格教養的子女可能會抱怨，自己怎麼做都不夠好，都得不到父母的讚美與肯定。成績優秀不夠、人品還要端莊、遵守規矩仍不足，還要尊重與同理他人。亦可能會受困於父母的過度保護，導致被阻斷了很多獨立的機會，並

且時常需要背負會辜負雙親期待的壓力。

如何控制過當與風格擴張

　　若想要擺脫此種惡性的慣性，偏好SG的父母應當做的是控制自己的過當行為。

　　就觀念上來說：要學習信任自己的孩子，不要過度干涉孩子；放下自己對高標準的執念，尊重每個孩子成長的軌跡以及會長成的樣子；除此之外，也別用孩子的成就來填補自己的人生缺憾。不要把自己人生裡落空的理想與夢想寄託在小孩身上，要他們代替自己實現。

　　就行為的改變來說，父母能夠先「善用」自己的風格，以聆聽與同理來和孩子溝通，理解孩子期待被對待的方式，並根據孩子的偏好風格來「橋接」與重新調整自己的管教方法。亦即，SG高的父母，其實是很擅長體察自己子女的狀態與心情的，若要改善關係，能夠先從自己的長處開始。

　　同時，也應當適度的進行教養風格的「擴張」，例如學習CH風格裡的「界線感」，孩子有自己的生活，家長也是，給予彼此健康的空間；並且要學會對家人說「不」，避免過度供給，讓小孩有能力自己解決問題。或者參考AD的高度彈性、相對輕鬆的教養態度，以及對和樂家庭氛圍的營造，以及最重要的「放手的藝術」。讓子女能夠在你的支持下保有

獨立抉擇的空間，走出自己的路。

CT風格父母如何增進親子感情？用溝通取代命令

是否時常擔憂子女的成就，為小孩安排了各種康莊大道，費盡心血讓小孩能夠有好的教育機會、花大錢讓孩子贏在起跑點，但最後得到的卻是孩子的指責與不諒解：「你從來都不知道我想要甚麼。」「都不問我的意見！」「只在意我能夠讓你有面子，不在意我真實的想法。」

付出去的愛與苦心無法被理解，只被當成控制與指揮的手段，這似乎是偏好掌握／接管（CT）教養風格的父母容易遇到的困境。

針對CT風格，就讓我們來談談，當你的教養方法比較強勢、在親子關係中主導性較強，並且比較習慣用權威的角色來和孩子相處時，該怎麼做，才能既兼顧教養的目的，同時又改善親子關係？

掌握／接管（CT）教養風格的長處

CT風格高的雙親通常性格熱切、在意如何激發小孩的潛能、會鼓勵甚至要求子女迎接各式各樣的挑戰，以此來促使子女進步。同時，也強調小孩要自己面對問題、對問題進行

立即性的處理。也就是，時間的控管對CT高的雙親而言是很重要的，他們希望能儘快完成事情。他們會說「現在就把鞋子撿起來，不是等你想撿的時候才撿」。

在教育的方針上，對子女的犯錯、過當行為會以懲罰的方式來讓其記取教訓。偏好CT風格的父母通常比較擅長設定界線，會給予自己和小孩獨立的空間，也因此被一般人認為較放任子女，因為他們會給予子女在一個界限分明的範圍內相當程度的自由。

衝突來自教養風格的過當

偏好CT風格的父母會給孩子的壓力來源在於：期待子女表現傑出，成為人生贏家。他們競爭意識很強，總是叮嚀小孩不要耽玩享樂、好逸惡勞，而要思考怎麼樣成為佼佼者，不被淘汰。而CT型雙親通常又很搶快、著急，對子女的發展無法等待，無法理解子女有其自己的學習節奏，因此容易變成嫌棄小孩不夠傑出、不夠有狼性、憂患意識不足的局面。

另外，CT高的父母也容易不夠有耐心聆聽小孩的意見與想法，造成雙方的隔閡衝突越來越深。子女只感覺到父母對其的掌握，而感覺不到背後的苦心；父母只感覺到小孩的叛逆，而看不出其中對於關注與陪伴的訴求。

徵求孩子的意見：改善過當行為

對CT高的父母而言，最重要的控制過當方法在於：緩下來，聆聽子女的意見與聲音。他們並不是真的那麼無法管教、桀敖不馴或者搞不清楚狀況，不願意努力。他們有自己的生命藍圖，有自己對自己狀態的考量與評估。把步調放慢，好好詢問子女：「你希望怎麼樣？」經過良好溝通後，通常會發現自己與子女的意見不是真的那麼相左，只是因為子女想要離開被掌控的局勢，而用激烈的方式表達自己的不滿。

同時，在詢問子女的意願、想法與考量後，能夠進一步的溝通：「你打算怎麼做？」發揮CT教養風格的優勢，協助子女實踐目標，教導子女如何落實想法、如何把想做的事情變成真正的成果。和小孩一起協力經歷這樣的討論過程，以身教來讓孩子知道如何「在一定的時限內」的把想做的事情「從無化有」，善用CT教養風格本身就具有的長處，陪伴小孩找到自己的方向。

給CH風格的教養方針： 適度表達感情，給予彼此彈性

偏好持穩／固守（CH）風格的雙親，通常有著嚴明的獎

罰機制、原則清楚而顯得有點不近人情,就讓我們來看看,他們有哪些優點與需要調整之處。

自律與時間控管:偏好CH風格的雙親的長處

CH風格的父母擅長組織活動、為孩子安排時間,在管教上前後一致、指示明確、說明仔細,具備詳細清楚且不易變更的規矩,擅長培養孩子的思考力以及冷靜處理問題、在壓力下保持鎮定的能力。

而CH高的雙親,通常是比較喜怒不形於色的,他們關心子女卻不表露情感,教導子女要冷靜、一切根據事實。設下大量生活與行為上的規範,要求紀律以及遵守規則,若子女違背,通常使用沉默相待或者孤立的方式來進行懲罰與教育。CH風格的父母期望子女能夠好學深思、中規中矩,不要好高騖遠,要一步一腳印的踏實前進。

不諳表達以及僵硬的教條

目前26歲的學員May分享自己和父親長年的相處模式:「我總是很戰戰兢兢,每天早起,為了陪他吃早餐(事實上我根本十點才上班),如果起得晚了,就會收到一封密密麻麻的手寫信,大意就是我對你很失望,你對自己沒有要求。

天啊！只是晚起半個小時，為甚麼會被上綱到我好像完全沒有自我管理的能力？」May的父親是企業裡的高管，紀律甚嚴，相信一個人的生活細節即能見微知著的看出這人是否能夠成大事，因此對May而言的小事，對其父而言卻代表了女兒的散漫、無以管束以及不在乎規矩。

另一位學員Rita和其父的爭執則劇烈得多，Rita自小就被送到國外，這兩年海歸發展，父親看不慣Rita奔放、自由、具備高度應變能力與創意的性格，總是覺得她不踏實，都已經奔向三十了，職業發展好像還沒個譜。回國以後Rita住在家裡，她的父親為了逼她儘快找到一份工資與發展都夠好的工作，而要Rita簽一份協議，內容大致是門禁時間、在家只能待到幾月、要付多少房租等等。Rita聞言氣炸：「我是你的女兒！不是你的員工！」事實上，其父是不諳表達對自己女兒回國以後適應以及找工作的擔憂，只能以如此僵硬的管束方法來逼女兒前進。

上述兩個案例，表達了CH風格雙親的過當行為模式：他們可能會過度管教子女、堅持子女要嚴格遵守家規。對他們而言，循規蹈矩極為重要。他們強調要恪遵某些儀式，即使這些儀式並不適用於特別情境，或已經過時，像是上述的May的每日早起，以及Rita即使年近三十也還有門禁。

為了要孩子聽命行事，CH風格高的父母運用孩子的恐懼感，有時還會加以威脅。當子女違反規定時，持穩／固守型

父母的反應方式是家規處罰。

但他們自己的行為卻不一定像他們所設下的規矩一樣的一致，尤其是逆境時如果風格轉變的話，CH風格的雙親往往先抑制自己內在的情緒，但隨後在無預警的情況下宣洩跟爆發。如此導致對同樣的錯誤處置方式總是不同，孩子常常無法知道如何預期父母會怎麼做。

控制過當行為

若要改善關係，首先，要先學習「擴張」自己的風格。偏好CH風格的雙親，能夠加強SG教養風格裡的耐性、對孩子的支持與諒解、聆聽以及願意對子女的困境伸出援手，而非指責或者慣用疏離的冷暴力懲罰。

亦可以學習AD教養風格裡的同理心、彈性、給予讚美和肯定，以及放鬆的態度，營造出比較不僵硬的家庭氛圍。

或是學習CT教養風格中的只看結果，給於更多孩子可以自己作主的空間。而不要過度干涉過程及設下太多的規範。

在「擴展」之後，便可能觀察自己子女偏好的風格，並進行「橋接」。

舉例而言，從國外回來的Rita是具有創意、深具文藝天分並且幽默靈活的AD風格。那麼她的父親可以用一種比較彈性、給予適當空間與時間的方式來對待自己的女兒，並且，

也要適度的表達自己的情感，無論是愛、心疼還是憂慮，用比較軟性的方式對子女表露，如此Rita也比較能夠卸除防備的和父母討論自己的職業藍圖以及回國發展上的想法。

總之，以偏好CH風格的父母而言，最重要的是，讓子女感受到你們包裝在限制與管束底下的愛與關懷，並且適度的放寬嚴厲而過度細節的教養方式，讓自己與孩子都能夠鬆口氣，放鬆有時候才能夠好好的前進。

甜蜜的負荷：AD風格雙親如何建立教養原則

LIFO談親子來到了最後一種教養風格：順應／妥協（AD）。

此種風格乍看之下是最沒有親子問題的，因為偏好AD的父母通常與子女打成一片、用朋友的方式相處、家庭氣氛友善活潑，子女也通常樂於和父母相處玩樂。在AD教養文化裡，家庭較像個社交單位，父母會讓孩子參與他們的活動，孩子常參加父母的聚會或是旅行。反之，父母也會常參加孩子的活動。當孩子發生不合作的情況時，父母常採取賄賂的方式。你可以聽到這種類型的父母說道：「如果你收拾好房間的話，今天晚上就能看你喜歡的電視節目囉。」

偏好AD風格的父母的長處在於，他們擅長用幽默、同理的方式來和孩子溝通，時常讚美與誇獎小孩，讓小孩有足夠

的安全感與自信。AD可以說是最沒有「控制與反叛」議題的教養風格，也就是，AD高的父母本來就傾向比較缺乏控制與管束小孩的意圖，因此不會像SG風格者一樣的在過度保護與過度要求之間擺盪、亦不會像偏好CT者一樣想要決定小孩的成就方向，更不會如CH風格父母一樣對子女設下大量細節的規矩規範，要求孩子要自律。

然而，親子問題從來就不只是「家長與孩子相處良好與否」而已，還牽涉著教養哲學、管教方法，以及試圖傳遞甚麼樣的價值觀給予小孩。

缺乏原則

AD教養風格裡的最大問題即在於缺乏原則、無條理章法以及過度注重形象。

先就前兩者講起，偏好AD風格的父母希望能夠跟子女建立良好而舒適的關係，同時，也比較習慣用利誘、哄騙的方式來教育小孩。因此，時常會有「無法守住底線」、「被子女吃死」、「教育方式太過軟性」的狀態。

而就過於注重形象而言，AD風格的父母期望子女活潑可愛，受人歡迎，期待人緣好、吃得開。因此，與各種「如何與人相處」的方法傳授相較，對子女在價值觀上的教導可能相對缺乏。

　　這樣的教養傾向有兩種不同層度的問題，首先，若整個家庭呈現很鼓勵AD特質的氛圍，那麼，當小孩還是兒童時，可能感覺很甜蜜、乖巧又討喜，但當他們逐漸長大，這些特質就變得越來越難料，孩子被鼓勵出來的玲瓏特質，若沒有給予良好而清晰的價值觀，那很容易變的在意表面功夫更勝於事物的本質、虛榮，或者有點狡猾。親子間的互動即使看起來很良善，也是一種順利平滑的熱鬧，在這種熙熙攘攘的歡樂下，雙親很容易忽略了小孩真實的狀況跟需求，而不自知的錯過了很多和孩子能夠深度溝通、有品質的陪伴以及指引其成長的機會。

　　再來，小孩是敏感的生物，當他們感覺到，雙親在乎得體、和諧、受人喜愛勝過於其他時，就容易影響他們正在發展中的「個人形象」，以討好、回應外界需求作為主要的追求。培養與人交流、在團體中社交的能力很重要，但作為家長，還是需要傳遞給小孩一些觀念上的「核心觀」，或者陪伴孩子發展出他們自己對世界的觀點，而不是把「照顧別人的需求」變成第一要務。換言之，當AD風格的父母對孩子的教育有所思索、有其原則的建立時，才能真正發揮出AD教養風格裡的長處——也就是具備彈性，這種彈性撐開了孩子獨立發展的空間，同時，也因為雙親的高情商，讓很艱困的管教過程變得順暢又容易被接受。

建立方向與規則

　　就像剛剛說的，AD風格的父母，本身就具有彈性高、靈活應變的優勢。因此若有心要改進上述問題，他們通常能夠慢慢地掌握其他教養風格的長處，「擴張」自己的教養風格，並且發揮本來就有的長處，迅速地找到孩子所偏好被對待的方式，進行良好橋接。

　　首先，偏好AD風格的父母需要參考SG風格的長處，回頭思考自己的教育方針裡，應該採取甚麼樣的道德規範？應該給予小孩怎麼樣的原則與管束？在教導小孩討喜與惹人喜愛之外，還有甚麼是重要而不可或缺的教育內容？

　　再來，就日常生活而言，AD型的父母也應該學習CH教養風格，加強對孩子紀律的訓練，要教導孩子做事情的方法以及解說事情的原理。讓小孩能夠有自我管理與分析的技巧，讓子女有解決問題、冷靜處理的能力。

　　最後，就角色位置而言，AD風格的父母也應當多效法CT風格者的角色分明，也就是父母有時候就是父母，而不是平輩與朋友。父母就是一個給予教導、指引以及教訓的角色，而不總是只有陪伴和玩樂。此外還要鼓勵孩子建立設定自己明確追求的目標。

　　如此一來，AD風格的父母就能在良好的相處之外，再加上清楚、有效並且又具原則的教育方式，讓親子關係走向更健康也更有教養意義的路。

一人分飾多角的難題：
職業婦女生存導航

　　以下是Selina的一天：六點起床，沖濃度很高的咖啡，為一家張羅早餐、在十分鐘內處理好自己，送小孩上學、趕到公司，馬不停蹄的工作一整天。隔天有個重要的專案報告要發表，但先生出差，如果加班就來不及接小孩，於是只好不顧同事眼光準時離開，回家完成自己的部分，但這樣先走，其實沒辦法有足夠的討論，所以和同事溝通時，他們顯露出一副「回家處理哦？那你就做資料補充那部分就好」的模樣，他們認為Selina對團隊的貢獻不夠，Selina覺得既憤怒又羞愧，這種心有餘而力不足的難堪常常發生在她的身上，例如每次小孩生病，要臨時請假時主管的臉色。六點半到家，把衣服丟洗衣機、同時在半小時內做好晚餐，八點為小孩看作業、晾衣、讓孩子們洗澡、哄上床（家裡已經兩周沒打掃了！），十二點開始可以處理自己的事情，但也累癱了，一邊打盹一邊看資料，擔心隔天會在全公司的人面前出糗，對不起大家整個月的努力。效率很糟糕的弄到三點，隔天又是六點起床的一天……。

不要完美，只要問心無愧

　　上面這段敘述對很多職業婦女而言，應該很熟悉。任教於加州大學柏克萊分校的著名社會學家亞莉‧霍希爾德（Arlie Hochschild）就曾將職業婦女在工作一天後，回到家還需要處理所有大小事的狀態稱之為「第二輪班」，家庭就像是女性的第二份全職工作，「在工作場所你是在上班，回到家，你也是在上班。然後又回到工作場所，繼續上班。」永無休止的時刻。多少需要兼顧職場與家庭的女性，過著奔忙、超乎想像的多產、分身乏術、摸爬滾打但仍然盡最大努力讓所有事情「到位」的日常。她們擔心身為有家庭的女性，會遭受到的職業歧視，以及職業規劃受到限制；焦慮女性的玻璃天花板、害怕育兒工作難兩全，錯過孩子的成長；需要思考家裡年邁長輩的長照問題；又有各式各樣的人際問題需要面對：既要當工作場合的幹練現代女性，又要當溫柔賢淑的太太、全能的媽媽、孝順的女兒，以及好相處的媳婦。

　　然而，這是不可能的。

　　只要努力，就可以全部兼顧、一切都拿，本來就是不可能的。最後職業婦女們只會過勞、吃力不討好、生活品質低落、一肚子憤懣、感受到社會結構的不公平，然後被甚麼都無法掌握的挫敗感給打敗。人的精力與能量本來就有限，

職業婦女被社會期待要把公私領域打點的有條不紊，但這既不公平，也不是現實人生。臉書前行銷總監蘭蒂·祖克柏（Randi Zuckerberg）寫的《選三哲學》（Pick Three：You Can Have It All〔Just Not Every Day〕）也提到，人們總是詢問她如何同時處理好家庭與事業，但真正的答案是：「做不到。」人生就是無法每項都滿分，生命就不是越多越好，完美主義只會癱瘓自己的身心，要學會適當的放棄。

用八十分的平衡來過生活

身為職業婦女，你不可能對身上的各種重擔直接撒手不管，但一個有建設性的作法是，每件事情都以八十分為目標，給自己犯錯、摸索與狼狽的空間，以動態的平衡取代僵硬而制式的社會期待。若要達到這種狀態，有兩種有效的努力方向。

一、設定界線：確保家庭與工作不互相影響。

先從第一點說起，設定界線乍聽之下不可思議，你可能會說：「我們被要求甚麼事情都要管，怎麼可能設定界線？」「設定界線意思是維持距離吧？但我們怎麼可能對小孩的哭鬧假裝沒看見？」然而，設定界線的意思並不是冷淡

疏離，也不是硬梆梆的對特定範圍外的事情就裝聾作啞，而是把公私領域做一定的區隔。

也就是，當你在工作狀態時，是全情投入的，不用心懷有關家庭責任的罪惡感，不用像帶著一副腳鐐卻準備衝刺一樣的拉扯糾結。而當你在做一個母親時，也是使用同等的專注。把工作帶回家裡，說真的效率並不彰，盡可能地避免回到家以後還使用零碎時間不斷的聯繫公事，因為這樣只會讓你流失掉與家人間的陪伴品質，卻不會真的增進自己的工作表現。換句話說，正因為職業婦女的時間被切割得很瑣碎，所以更要強力的捍衛自己的「完整時間」：白天工作時火力全開，儘量在時間內完成公事，晚上回到家後，公領域的事情就不能繼續霸占你的心力——東思西想、不斷分心、焦慮而頻繁的切換角色，是最傷神也最無效（但又最常因為生活繁忙而被使用的策略）。

設定界線的好處除了能夠增進家庭與職場生活的品質外，還有另一個更重要的功能：「讓位給應該負責的人」，也就是家庭裡的父親。雙薪家庭的男女皆忙碌於賺錢，丈夫妻子都為了養家而透支了自己的精力，然而，丈夫並不像妻子被賦予了那麼多關於家務、教養以及照護上的期待，因此，在家庭經營上，常常可以聽見太太對先生的相關抱怨：大而化之、漠視髒亂、被動而事不關己。造成這種生態的原因，除了傳統文化的窠臼之外，也有部分原因是這些太太不

小心的就「對號入座」與「延續」了那個總是處理好一切、勞心勞力張羅所有的角色。先生與妻子都無意識的複製了文化養成裡面的性別觀，而繼續著女性負責處理所有細碎、行政性的、庶務的、照顧養育的相關工作，男性在這些生活的勞動裡都「退位」了。要打破這樣的慣性，最好的做法就是設定明確的分工，拉好自己的界線，在清晰的分配下，讓丈夫／爸爸可以成為一起努力的隊友。

　　以曾經在培訓課結束後，來私下詢問婚姻解方的Eve為例。Eve在美國外企工作，主風格是CT；她的先生Fed在酒店做IT，偏好風格為CH。Eve不僅在商場上叱咤風雲，在親密關係裡也非常強勢，先生很受不了太太的凶悍、不顧其尊嚴，以及急躁，兩人為此起了各式各樣的爭執。讓Eve總是這麼充滿攻擊性的原因，是因為她感覺自己被困住了，明明有大好的將來，卻沒辦法像競爭的同事一樣衝刺，回到家還需要煮飯與打掃，種種這些「小事」讓她覺得自己被浪費，但卻又無法防止這些家務侵占她的生活。

　　Eve因此產生了對先生的憤怒，覺得他是豬隊友，是他耽誤了自己的人生。然而，Fed其實並不是完全不做家務的男人，他會做他認為「自己分內」的事情，例如修理水電、開車採買等等，Eve如果開口要求，他也都會幫忙。問題就在Fed採取的是一種被動配合的態度，而Eve痛恨的就是這種心態：「好像他是無關的人一樣，他本來就該做這些，怎麼會是一

種『幫忙』?」但Eve展現憤怒的方式並不是清楚的表達,而是每次看到Fed沒有主動介入、沒有馬上插手時,就速度很快但又帶著強烈情緒的把東西收拾掉(東西幹嘛放在那邊?看到了就應該馬上處理,不能等!),再為此和Fed吵架。針對小孩的教育問題也是如此,當小孩在學校出了甚麼事情,需要家長與老師交涉時,總是Eve出馬。幾年前,他們的兒子遇到了情緒掌控不佳、會體罰的老師,也是Eve衝到學校去捍衛小孩,見校長討說法等等,Fed對此既沒什麼作為,也沒什麼回應,他成為了「消失的父親」,甚至還有點覺得Eve太咄咄逼人。

Fed風格裡的CH特性讓他對這種「無來由」的情緒很厭煩,也產生的逃避傾向,於是越顯得緩慢溫吞,他被Eve「無差別的急躁」弄得疲憊,也多少有點因為她對任何事情都性急、要求馬上處理,Fed也就越來越不把她的「緊急」當真。

其實如果Eve願意緩一緩,願意忍耐家務事被延宕、被擱置一陣子,讓Fed自己感覺到家裡的髒亂、水槽裡的碗盤、開始堆積灰塵的地板,以及用完需要再添購的日用品,而不是馬上起反應,馬上填補這個空白,那兩人的主被動關係可能就有了鬆動的空間,當Eve願意退位時,Fed才有機會補上他原本就該在的位置,Eve就可以(像她本來就傾向的強勢一樣)堅定而清楚的表達自己的訴求,而Fed也比較有可能從一個不甘願的服從者變成一個能夠協力的合作者。

　　另一個例子是偏好SG風格的Bonnie，她平常是個萬能媽媽、配合的太太、得體的媳婦，她想要把每種身分都做到盡善盡美，也通常都有達到目標。然而，即使她這麼肯做、這麼自願擔任這樣的角色，偶爾還是在夫妻互動中，感覺到對方的占盡便宜與自己的隱忍。例如早上先生吃完她準備的早餐，正打算去上班時，看著桌子上的油漬，會對著Bonnie說：「餐桌髒了，要處理一下。」Bonnie聽了非常訝異，心想：「你上一秒才坐在這個桌子上，不會順手清一下嗎？你要趕著上班，我也要啊！我還要早起做早餐跟處理你吃完的碗盤！」夫妻之間的衝突，時常就是累積在這種稍縱即逝的生活細節上。Bonnie該做的就是守住界線，對先生表達，你其實可以自己清掉，我並沒有比你有空；若當下太匆忙，也不要縱容這樣的情況，就讓油漬繼續維持在桌子上，等到先生回家後，再與他溝通。不要因為兩人都趕時間，錯過了當下表態的機會，就放任這種其實不正確的局勢繼續維持，守住界線的真諦是：是先生該負責的，先生就是不能用各式各樣的縫隙逃掉，雙方的家務分配可以擁有彈性、在各種不同的生活現場裡相互支援，但不能投機。

　　除了讓退位的先生補位外，設定界線也包含了「設定底線」——在適當的時機做取捨，如果對孩子而言某些重要的時刻，例如畢業典禮、第一次上臺表演或者參加科展獲獎等等，你真的需要在場，否則日後想起來會遺憾歉疚，那就

調換自己的排序，讓家庭可以在某些時刻凌駕於事業。反之，當你奮鬥多年的升遷機會就要到手了，卻因為家庭分工問題，需要你主內操持，那也可以思考一下自己對事業追求的底線到底在哪裡，若真的覺得這是犧牲，那就不要犧牲。不要無條件的接受外界對自己的要求，也不要當一個沉默的奉獻者。溝通、表達與爭取都是需要採取的行動，一味吞忍才是殺死自己機會的最大凶手，很多時候，當你真的清楚表態、踩好立場時，事情都會有鬆動的空間，夫妻之間乃至家族裡的關係動力也會因此轉變。

最後，無論重心放在工作還是家庭（或者兩者皆想良好經營），這兩者的重要性永遠是有機的、可調度的，而且二者的排序總會因為階段的不同而有所變換（例如隨著孩子逐漸長大，又可以全力開展自己的事業第二春）。在當下覺得做得不夠好的部分，很多時候，都能在生命裡的動態中重新找到平衡。

二、評估目標：盤點自己的後援與支持系統，並依據這些資訊設立貼合自己風格與價值觀的生活方式。

評估目標的意思其實就是，重新認真檢視自己到底需要做到甚麼地步，才能夠維持家庭的運作，問心無愧，但又不會過度勞累。而評估目標有個核心：評估的量尺永遠要貼合

自己的人生取向與行為風格，而不是貼合外界眼光（否則大家都只能當偏好SG風格的奉獻型職業婦女了）。在這樣的前提下，再去盤點自己所擁有的優勢、所具備的資源以及支持系統的多寡，訂立一個實際又長久可行的目標。

如果你是一個AD風格的職業婦女，最在意的事情是家庭關係的和樂，那你可能為此做了很多努力，讓自己非常的疲憊辛苦，卻又不確定有沒有達成目的。例如需要照顧婆家，但自己的原生家庭又有父母長照的需求，做為女兒跟媳婦，這兩種身分不斷的相互拉扯跟瓜分掉大量的時間，但又因為希望雙方都開心，而無法抽身。那這時候就可以好好思考三個層面的問題。

（一）到底就客觀而現實的考量而言，是婆家比較需要自己，還是娘家？非客觀的思考就是以他人眼光以及情感性因素來考量，卻無法真正以事件本身的急切性或自己角色是否可被取代來構想，例如：如果把精力花比較多在娘家，自己受得了可能會被閑言閑語的風險嗎？而如果把精力放在婆家，會不會覺得很過意不去，覺得自己很不孝？這種時刻就要避免AD的過當，也就是太過在意別人的眼光。

（二）自己有哪些可以尋求幫助的管道，可以把這些責任分擔出去？

或許婆家或娘家都有更合適有空的親人可以來處理情況，而非習慣性的都是先找我來負責？

（三）自己最在意的價值觀到底是甚麼？想要守住的核心是甚麼？要做哪一種選擇才會覺得舒坦？

最後你可能會選擇求助於手足，讓原生家庭裡比較有餘裕的其他兄弟姊妹們來處理父母的長照問題，把精力放在夫家與子女教養上；也有可能求助於丈夫，讓丈夫能夠發揮他的功能，讓丈夫照顧自己的父母，同時也分攤子女照顧的責任。無論怎麼選擇，重點都在於善用自己擁有的支持系統、找到可靠的後援，並且做出貼合自己價值觀的決定（如果你最在意的就是家庭關係的和諧，那就選對整體人際關係破壞性較小的選項），如此才能夠做出雙贏而非兩失的決定。

多面向的人際關係如何應對？

上述的篇幅，主要處理的是「平衡與兼顧」類型的問題。然而，職業婦女遇到的另一大類型的問題是人際關係。每個職業婦女，都有著各式各樣的角色扮演。日常是：媽媽、職場主管、媳婦、太太、女兒及姊姊。在面對工作、家庭、親密關係、日常生活以及個人興趣上，每個職業婦女都有著各種人格面具，可能在家庭關係裡偏好SG風格，但在工作上卻顯得非常CT，對外面對客戶又要謹慎很CH，而日常生活與私下的人際關係卻很AD，當然，也有一種可能是你看起來很AD，但原因只是因為你對那件事情不在乎。或者你面

對小孩很要求完美，但面對同事卻比較在乎大家和樂而非原則。

也就是，職業婦女們通常必須很擅長風格的動態調整：由於每日面對的情境很複雜，所以單純使用一種行為風格、僅以一種樣貌出現是無以為繼的，職場、家庭與不同的社交場域，需要高度調度動態的「擴展」、「結合」與「橋接」。

然而，即使職業婦女在日常使用了眾多風格調整的策略，為甚麼還是會有疲於應付人際問題的感覺呢？為甚麼還是會有四面八方逼迫過來的要求讓人窒息？又為甚麼在這些複雜的關係情境裡總是覺得不開心呢？主要的原因，來自於以下三點。

一、做出的行為，並不順應自己的行為風格。

每日需要扮演的角色太多，忽略了自我察覺，做出的反應總是回應或者抵抗外界的需求，而不是出自於自己的人生取向。

舉Camille的例子好了，她是一位經營旅遊用品店的CH風格職業婦女，因為孩子還小，每天都亂七八糟的像是「例外狀態」，沒有任何規則可以遵循，只能憑著本能做反應，她被時間壓力逼得時常需要擔任家庭裡快速做決定或是催促的

角色。養兒育女占據她大量的精力，也影響到了她的生意，Camille被壓縮到她沒辦法做好評估就需要下各種決策、訂貨叫貨，又要在一片混亂下處理銷售與倉儲。這樣的狀況讓Camille表現得越來越強硬、焦躁、沒耐性以及不快樂。

　　Camille身心狀況的低落，影響了她的婚姻（她總是覺得，為甚麼我就是一個囉嗦的媽媽，先生就可以當一個閑雲野鶴的慈祥的父親？），也影響了她的婆媳關係（婆婆如果要來幫忙帶小孩，她會很想要干涉婆婆管教的方式，很想跟婆婆爭奪教養的主權，但從前的她控制慾沒有那麼旺盛，情緒比較少，也比較理性冷靜）。這樣的情況，除了源自於生活的壓力之外，也來自於她對自己扮演角色的抗拒，她不喜歡這樣處事，她也不喜歡生活狀態與節奏是如此。這並非表示她的抗壓性不足，而是她沒辦法在這種被迫採用CT行為風格的情況中感覺到自在、有所發揮，並且能夠解決問題。也就是，Camille因為分身乏術，擴展了CT的風格，但又在逆境過度使用自己原本不偏好的CT風格，導致她感覺到錯亂、躁鬱又煩悶。

　　對Camille而言，她應該要先重新建立自己生活的秩序。不管是請人照顧孩子、多聘一位雇員照顧店面還是與先生協商家庭生活的分配。她應該要重回到自己原先CH風格的人生取向，讓生活即使忙碌混亂，也在一個有規則可遵循的範圍內。她可以有穩定的作息、每日重複操演的工作項目，以及

預先規劃好的明確做法。如此，Camille的狀況就能夠更好，更能負荷各式各樣的勞務以及與先生和婆婆的關係。換言之，當Camille把自己穩定下來了，她的關係問題就能迎刃而解了。

人際關係的最重要訣竅，永遠是自我察覺。對職業婦女而言尤其如此，因為她們會面對到的協商、自我調整、事情不如意、考量與照顧他人的種種情境又多又複雜，所以很容易在過程中過度回應他人（無論回應的方式是過度照顧還是抵抗性的攻擊）而迷失了自己。

但是，使用LIFO方法能夠讓這些一人分飾多角的職業婦女覺察到自己到底在哪一種狀態裡會比較自在、放鬆、能夠游刃有餘又維持良好的耐力。LIFO能夠讓職業婦女知道，她的優勢跟困境其實都是來自於其風格，而風格在順境與逆境之中，會呈現善用與過當的不同狀況，知道這點，就能夠清楚地針對自己的狀況學習與調整。

在此強調，風格並不是定性的人格特質，若風格就是定性的本質，那職業婦女就不可能能夠面對這麼多不同的角色。人生取向與行為風格是來自家庭、經驗、過去的價值觀等因素長期塑造所造成的特質與行為樣貌。也因此，掌握自己的人生取向，是一種超過人格論的方法，因為它能分析出每個個案的核心追求、渴望的目標、行為的模式，以及人生觀。

　　舉例而言，如果一位女性從小被父母耳提面命提醒「不要驕傲」，進而發展出很強的SG風格，那她即使一路學業都名列第一、表現優異，也可能謙虛的自覺是「題目簡單」、「團隊合作的成果」，而不是自己做的好。而當她進到婚姻與家庭後，面對各式各樣的挫折，也會傾向先自省，而不是先覺得對方有問題——價值觀決定了個體對事情的認知、歸因以及行事作風。也就是，如果沒有透過覺察來看待自己內在的價值觀，一個人的價值觀基本上就預言了她的人生，因為她會因循同樣的價值系統，而持續一樣的做事方法。

　　然而，職業婦女們其實可以改變自己的人生，就算不改變價值觀，也可以維持清醒地避免運用過當，於是讓我們來到第二點。

二、應對方式與思維已然固化，慣性使用自己擅長的應對方法，而出現過當情形。

　　行為風格的過當，其實也是一種過度耗損自己、過度使用自己，並且沒有設立好停損點的狀態。如果你是一個犧牲自己、成就小孩的SG媽媽，長期把所有的重心放在小孩身上，認為小孩代表了你的生命成果，後來發現小孩不爭氣，或者更傷心的，小孩很自私、被慣壞、不孝順或者完全不思進取，最後失望到底時就會完全放手，心灰意冷，再也不

管。沒有灰色地帶，只有全有全無，是SG風格特有的一種過當。

在這類常見的案例中，這位媽媽的問題在於，只知道如何一味的給，但這種過度付出其實也是源自於一種對自己生命中為人處世的固化，只知道使用這種方式對待深愛的小孩，沒有其他種方法，因此過度表現自己的奉獻、完完全全的陪伴、為子女著想，導致讓小孩喪失了各種成熟的機會，最終也可能失去了自己的主導性。

要解決「過當」的問題，需要先讓自己從思維固化的陷阱裡離開，不管偏好一種風格，都要認清，事情從來都不是「非如此不可」。如果感覺到自己陷入了偏執、過度用力、緊繃卻無法讓事情更好的境地時，請記得適度抽離、讓自己有放鬆的機會，控制行為的過當，並尋找「擴展」其他行為或者尋找支援，以「結合」不同風格的方式，來讓自己度過難關。

三、情感容量已滿額，無法真正共情與同理他人。

看到這裡，可能有很多職業婦女會驚呼：「我才沒有被別人同理我的處境吧！」「為甚麼總是要我同理別人？」確實，職業婦女們承受的情緒負荷量很驚人，導致她們的情感容量已經額滿，光是要處理自己的情緒都來不及了，要如何

處理別人呢？

　　這裡所說的共情與同理，並不是要職業婦女們「照顧別人」、「善解人意」，而是以一種問題解決的務實態度，來找出關係卡住的真正核心。

　　因為同理與共情是溝通的重要基礎，人與人無法只「講理」，很多時候，即使我們想要就事論事，但當牽涉到人際關係、雙方的家庭、差異的成長背景、世代問題以及觀念相左等因素時，很難單就是非對錯來處理問題。要解決這樣的情況，比較好的方式就是真的進到對方的情境脈絡裡，去感受對方看似無理取鬧的反應裡真實的需求是甚麼，回應（或如果不願意回應，也至少正視並與之討論）那個真實的需求。大部分時候，人際上的外顯衝突，都和雙方真正介意的重點，或者彼此之間真實的芥蒂沒有關係。例如前面例子所說的Eve，她當然氣自己先生不做家務事，但她真正憤怒、恐慌、不安的其實是職業生涯會不會因為家庭的緣故而被耽誤；家務分工是一個比較外顯層次的問題，它需要被解決，Eve的先生Fed要學習主動承擔。但更深層的，兩人婚姻中的癥結，其實是Eve不想被困在家庭裡，她不希望家庭耽誤了她的事業發展，而這需要更浩大而細緻的過程來彼此理解、互相同理，並且找到可以讓雙方都滿意的解套方式。

　　而職業婦女時常遇到的婆媳問題也是如此，一個偏好SG風格的婆婆遇到偏好CT風格的媳婦，婆婆覺得媳婦怎麼每天

都做一樣的菜？這樣的組合對小孩來說夠營養嗎？媳婦覺得自己每天已經夠忙了，外面打包回來吃或是很快做出三菜一湯就好了，根本無暇管這些。

這個典型的情境，表面上是婆婆對孫子健康的憂慮，但其實也可能有著更深層的內心戲。例如婆婆從前可能就是非常用心的在處理每日的飲食，用這種方式來付出愛與關懷，但當她的小孩成家了，她生命中最熱切、羈絆最深的對象也就暫時和她失去了那種緊密的連結感，於是她只得用一種好像在找麻煩的方式來找回存在感，並證明自己過去的經驗是有用的。媳婦面對這樣的狀況，當然也可以和婆婆據理力爭，說明自己賺錢養家分攤房租很辛苦，不應該被這樣刁難要求，但通常這種爭執不會真的有甚麼進展，只會讓兩人嫌隙越來越深。

比較有智慧的做法是，根據婆婆SG的價值觀，也就是利他、奉獻以及「被當作是一個有價值的人」的需求，來選擇對待婆婆的方法。例如，知道婆婆在意家庭的飲食狀況，知道婆婆想要參與兒子的家庭、想要擁有連結感跟某種決定權，那也許就適當的示弱，表示自己實在是忙不過來，但也知道健康飲食真的很重要，邀請婆婆負責或者協助處理伙食問題。基於婆婆的SG風格特性，她如果答應了，就會非常地投入、極度的認真，並且會希望整個家庭的人都能夠因為她的努力而更好，如果能夠達到這種程度的共識，對媳婦而

言，也分擔掉了烹飪的壓力與時間成本。

　　就如同前面章節中一再提及的：「用別人喜歡的方式，來對待對方。」這句話並不只是要人們虛應故事、巧言令色討好他人，而是在協調過程中，直指他人需求的核心，橋接雙方的差異，才能在溝通過程穩妥的處理好每一種不同的狀況。

　　職業婦女面對的情境及扮演的角色錯綜複雜，光靠慣性的回應及嘗試錯誤的經驗基礎，是無法妥善處理的。使用LIFO方法，幫自己抽絲剝繭的尋找出更合適的風格轉換及長處管理的策略，絕對可以讓你及周圍相關人的人生更美好。

LIFO®
企業管理篇

掌握個別差異，提高管理效能

　　當我們談到管理時，想到的是包山包海的各種日常性事務，以及各種績效、審核、評估以及人事相關的細節。亦即，管理是個繁雜但又至關重要的學問，一個組織／部門要能夠維持穩定的運作，仰賴的就是良好精密的管理。

　　管理並不是甚麼艱深的學術理論，而是一種需要長時間且需要時時刻刻因狀況調整的務實性實踐。要做好管理，需要對外在環境與周遭人際狀態具有足夠透徹的覺察，知己同時知彼，才能讓團隊順暢無阻。

　　LIFO方法應用在管理上，能夠協助經理人透徹的瞭解自己、屬下和上司的管理風格。若能以這些資訊為輔助，經理人在許多方面可以少走很多冤枉路。

　　就自我察覺的層面而言，我們時常看到網路與雜誌上充斥著各種文章，宣傳某種人格類型才能成為好的管理者。然而，「好管理者」的標準卻又莫衷一是，到頭來，把各種好管理者的榜樣放在一起看，似乎需要三頭六臂、十項全能：要強勢目標性強，又要民主善溝通；要細心謹慎，又要有大局觀而不耽溺小節；要具備控制局勢的能力，又要懂得授權給下屬；要具備人際敏感度，又要對事不對人。這些資訊看

得暈頭轉向，看完還是不懂得如何才能精進自己的管理才能。

　　事實上，從來都不存在「比較理想」的管理風格，想要做好管理，不需要去改變自己的性格，因為每一種管理風格都是好的風格，只要認識自己的管理風格偏好及長處，並且懂得如何善用與控制過當。

　　這個章節，我們將分成三大部分，分別處理經理人發展管理風格的方法、如何管理不同風格的部屬，以及向上管理的藝術。

一、認識自己的管理風格

　　一個偏好支持／退讓（SG）風格的經理人，基本的生活哲學是：認真工作，以無懈可擊的卓越去證明自己的價值。其特質為：為人著想、理想化、信任、忠誠，有幫助以及具有接受力。當別人要求他協助時，他會十分急切地去回應，但卻寧可自己更常有說「不」的勇氣。偏好SG者，在升任經理時，通常會有以下的心情：「既然公司器重我，我當然會認真做個好主管。我會多花些時間栽培優秀人才，並讓他們有參與決策的機會。」也就是，會認真回應組織的肯定，同時希望能建立「共同參與」的決策機制。然而，每一個長處都會有相應的缺點。所以，對一個偏好SG風格的經理人而

言，「為人著想」可能會變成「自我否定」；「理想化」變成「不切實際」；「信任」成為「輕信」；忠誠變為「受制於義務」；而「具接受力」成為「被動」。

一個偏好掌握／接管（CT）風格的經理人的內在哲學是：如果他希望某件事情發生，他就必須主動使那件事情發生。其特質為：掌握、自信、有說服力、熱切、富冒險心，以及具有強制力。當偏好CT者被指派為管理者時，他通常會認為，這是一個自我展現的機會，並且打算盡快在公司內部推動各種方案，盡速的取得成果。目標明確清楚並且追求速度是CT風格會有的表現。然而，當行為過當時，則會變成一個「控制型」的管理者，操控他人、自負、剛愎自用、沒耐性、賭性強並且採取高壓管理。此種類型的經理人喜歡掌握事情並且表現主動性，但他應該要更能夠授權，並且要學習分工的藝術。

偏好持穩／固守（CH）風格的經理人秉持的原則是：他要以目前所擁有的為基礎，評估現有的資源並將其發揮最大效用。他具有實際、實在、保守、堅定與周詳的特質。偏好CH風格的經理人在升職時，會認為：公司升我為主管是看中我守成的能力。我會盡力貫徹公司的決策，讓一切事情都能夠按照計畫進行。CH風格高的經理人長處是穩定性高，但過當時可能會顯得不具創造性、吝嗇、拘泥於資料、疏離、固執和過於謹慎周密。換言之，偏好CH的經理人容易在行動前

把事情看得很嚴重，並過度耽溺在分析裡。也就是缺乏實際的行動能力，以及對人際相關的敏感度。

與之成對比的是偏好**順應／妥協（AD）風格**的經理人。他們強調人與人之間的關係，會發掘他人的感覺、需要與慾望，然後嘗試去滿足這些需求。他們對自己的管理職務會有這樣的認知：要對內激勵部屬士氣，建立我們部門和其他部門的良好關係；對外則把重點放在瞭解客戶真正的需求上。他們的長處是：有彈性、有熱忱、擅長跨部門溝通與公關工作、富創意、有技巧並且適應力強，知道如何借力使力的完成工作與進行人際關係的管理。但他們也有可能變得不一致、沒有秉持原則或漫無目標。

不只使用單一策略：擴展與管理風格

經理人在進行管理時，之所以容易採取四種風格的其中一種，乃是因為過去的成功經驗所導致。也就是，當你過去偏好某一種行為風格，而此種行為風格又讓你出類拔萃、順利升遷時，這種風格對你而言勢必是有效且值得仰賴的。

創立LIFO方法的兩位心理學家／管理顧問大師艾特金與凱契爾博士指出：「人不需要改變自己的風格傾向，但也不需要一直只拘泥在特定的行為風格裡。」亦即，好的經理人，不需去扭轉自己的行事風格與長處，不需硬要讓自己

脫離原本行事的慣性，像是把原來擅長人際溝通與協調的特色，改變成力求目標與績效導向的管理等等。但應該思考，如何擴展自己的管理風格，讓自己既能維持原本的優勢與習慣，同時又可以根據上司、下屬、團隊或者公司的需求，來增加其他風格的長處。

一個經理人一但能夠認清自己和周遭他人的風格，便可以採取各種方法來改進自己的效能。他可以特意找機會運用自己的長處，可以藉由和其他具備不同長處的人合作，來擴展自己的風格，並學習去欣賞不同風格的夥伴，以達到更好的溝通。他也可以辨別引起他過當行為風格和長處的人與情境，並找出方法來消除造成這些過當行為的壓力。

舉例來說，一個經理人如果在SG偏好上的得分較低，他可以在日常情境裡試著練習讓團隊裡的其他人表達意見，不要任何情況下都搶著一馬當先，試著調整自己的思考模式，讓優先順位從「任務完成」稍微轉成「團隊共好」。而若他的AD偏好較低，那這位經理人可以自我訓練多考慮到他人的需求，增進社交能力，並且儘量培養自己在應對事情時的彈性。如果CT為不偏好風格，那可以練習多以目標為導向的方式來進行溝通管理，也就是公事公辦，以完成目標為主，讓自己在具有人際敏感度的同時，不要太過被人情壓力給綁架。而若不偏好CH者，則可以重新審視公司的規章與制度，與他人合作一起建立一套完整而實用的SOP，讓自己就算性

格上不夠細膩仔細，也有可以遵循而不會亂了手腳的方法。

　　再以一位國際科技公司的副總裁Robert為例，Robert曾任其公司的全球某事業部總經理，廠址遍布臺灣、大陸、菲律賓與泰國，掌管為數龐大的員工。當他被要求赴菲設新廠時，周遭多數人極度不看好，由於一般人對菲律賓長期有著勞動力素質低落、容易得寸進尺的刻板印象，導致赴菲管理工廠被視為是嚴峻的苦差事。當他真的親到現場後，發現這種既定印象裡有著文化差異導致的錯視，菲律賓員工會問：「交通津貼怎麼給？我住遠一點能不能再多拿一點？」或者進一步問：「公司能不能配機車？」讓原本CH風格較高的Rober對這些員工有第一印象的誤解，覺得他們似乎在討價還價、很敢要求，意圖挑戰公司的制度及管理層，但事實並非如此。若缺乏敏銳的觀察，確實會維持對菲律賓員工的誤差認知，認為他們貪得無厭。其實是因公司不夠明確的闡明這些員工所關切的政策，讓員工怕吃虧而不斷詢問，造成雙方溝通的惡性循環。Robert擴展了AD風格的長處，讓他能從員工的立場去理解，進而開誠布公的訂定相關制度。

　　工作品質方面，剛開始菲律賓廠所生產的產品品質不佳，Robert的作法是將臺灣長期使用並且得到認證的一整套SOP帶過去，讓當地勞工完全依循臺灣的方法。原以為是最縝密嚴謹的方式，沒想到此做法導致良率極低，生產出的幾乎都是廢品。經過勘察後，才發現癥結在於SOP的內容過

時，有大量需要重新試驗與更新的部分。在臺灣沒有發現
SOP陳舊而需更新，是由於臺灣勞工善於應變，即使指示有
所誤差，也能自行轉彎、殊途同歸地達成目標。菲律賓勞工
做事遵照步驟、照本宣科，因此需要給予精準的範本。釐清
問題後，Robert和工程師一同將SOP全面翻新，產品的良率驟
升，甚至超越大部分的分廠，他於是歸納：「帶領其實也沒
有祕訣，凡事勇於突破改變即可，並且要能橋接員工們的的
長處，就得以轉危為安。」

　　Robert出身工程師背景，偏好的主風格為CH，但他並不
只使用CH的行為模式與策略，當他遇到需要大刀闊斧進行
改革的狀況時，也運用了CT管理風格的長處，他不謹守舊制
度，風風火火的更改菲律賓工廠的SOP。由此可見，適當的
擴展自己的風格，在不同情境下策略性的轉換應對方式，能
夠有效的讓經理人度過壓力情境與危機。

二、如何管理與激勵部屬？

　　管理難，難在如何服眾。人有千百種，究竟如何讓不同
類型的人都對你心服口服？如何讓大家都願意配合你所提出
的管理方針？

不同類型部屬的溝通時的「亮點」與「誤區」

　　首先，要先釐清各種不同風格的部屬在溝通上期望的「亮點」與「誤區」，也就是要瞭解對方到底想要知道甚麼資訊？在意的價值原則是甚麼？通常行為的慣性是甚麼？怎麼樣可以加強對方的配合動機？

　　如果是一個**偏好支持／退讓（SG）風格**的部屬，通常對公司具有一定的忠誠性、努力肯做，並且也希望能夠為團隊盡一份心力。因此，若要管理此種風格的部屬，通常要做的是給予足夠的「意義感」，也就是，讓對方感覺到目前組織的走向是有遠景的，而且是具有原則和價值的，要和他們一起「共設目標」。

　　對偏好SG風格的部屬，態度要尊重、表示接納並且強調理想性，若表現的尖酸、批評與嘲諷、失敗主義且不加以支持，就很容易讓SG風格的部屬喪氣且不願意投入。

　　另外，對待偏好SG風格的部屬的「誤區」為：許諾空頭支票。SG部屬在意承諾，若輕率許諾加薪、晉升相關的約定，但卻因為公司本身對薪金、晉升的規定和程序而無法決定更改，造成許諾落空，那你在下屬面前就誠信掃地了。關心SG風格的下屬，重要的不在口頭承諾，而在身體力行的心意。要讓他們感覺到你真正在為他們的期待而努力，並且具有真正的誠意。例如給予嶄露才華的空間、在重要人物面前

誇獎下屬或者讓下屬擔任重要的職位等等。讓他們知道「你有看見他們的投入，並且予以感激」。

若是偏好**掌握／接管（CT）**風格的部屬，他們通常在意的是個人成就，因此要給予競爭意識、並以積極的態度與之溝通、步調要快，同時，要強調「開創新局」。也就是，在你的管理下，可以讓CT的部屬迎接新挑戰，見識新局面。不要讓他們感覺到資源受限、權力削弱、責任減少或沒挑戰性，要對他們強調行動，讓他們有自主決定的空間並且提供機會。亦即，與偏好CT者溝通時，總是要給予「機會」、「結論」以及「下一步」的資訊，讓他們能夠意氣風發充滿鬥志的動起來。

對待偏好CT風格部屬的「誤區」為：干涉過多。例如新錄用一位CT風格高的業務人員，你詳細的為其解釋主要客戶的特性以及公司產品的特質，並且教導如何與客戶建立關係、如何經營人脈的祕訣等等。也許你是滿腔好意，認為這樣能夠幫助部屬進入狀況，給予指引，但對其而言可能認為你不信任他的能力。

偏好持穩／固守（CH）風格的部屬在意理性與按部就班。與其溝通時要不帶情緒、根據事實、多方詢問並且強調實用性。讓他知道如何分工、利弊得失以及相關的數據，最好還能依循公司的規章，並且找出舊有的慣例，讓其能遵循而安心。

而對待CH風格部屬的「誤區」為：不斷改變。若你的管理方法一再變動、方針與目標也一再的變換，那麼偏好CH者便會對你失去信任，覺得你不可靠，而且對你的草率感到很厭煩，並且不願意配合。

偏好順應／妥協（AD）風格的部屬在意和諧，因此你要表示友善、顯示彈性，並且表示接納且具有開放性。要讓此種類型的部屬知道大家的意見，減低人際溝通中的破壞性，並且在人際互動中維持輕鬆的態度。

對待偏好AD風格部屬的「誤區」為：態度嚴厲、用權威的方式管理，給予太多常規與細節、嚴格的時間底線，以及過度關注對方的工作而非關注本人。要讓AD風格的部屬感覺到你在意「他本人」以及「與他的交情」，而不是冷冰冰的業績、績效以及功利的工作表現。

依據差異做調整

人事方面的管理，最重要的是要依據差異進行調整，不同類型的部屬，會有不一樣的行為風格。在進行管理時，要思考的不是該怎麼讓他變的更細心？怎麼讓他更有野心？怎麼讓他更懂得與客戶打好關係？而是思考該怎麼樣讓部屬能有更好的發揮？又該怎麼激勵部屬，增強其成就動機？

除了上述的溝通方法以外，在績效管理上，也應當根據

不同人的不同特性，進行人性化的調整。也就是，當部屬在做他所擅長的事情時，他本來就會比較如魚得水。但當你今天要求他到新的領域，和他長處不符合的職位時，要展現耐性並給予學習的空間。

舉例而言，請一個不偏好CT風格的部屬負責一個方案時，若他效率較差，那可以讓他慢慢推進。若請一個不偏好CH風格的部屬處理文書時，能夠多提醒其注意細節，仔細勘誤。而若讓一個AD分數較低的部屬進行銷售工作時，可以給予較多的客戶資訊，讓對方能夠在面對客戶之前有比較好的準備，免得冷場。

換言之，績效管理應當使用一種相對多元的標準來面對不同的部屬，管理者不可能要求部屬全能，因為經理人乃至上司本來也就不是全能的。將LIFO方法應用在管理部屬上，便能夠學習到因人而異的管理藝術。

三、同舟共濟的藝術：
向上影響與溝通的實戰攻略

前面的篇幅都在談論向下管理，現在就讓我們來談談向上影響。

　　上級管理何以重要？因為它牽涉到個人工作的效率、順暢性以及職業生涯的順境與逆境。你的上級，基本上是和你在同一條船上，你們之間的利益是捆綁在一起的，對方是掌舵人，你則是讓船順利行進、觀看風向並且調度人力的能手，彼此誰也缺不了誰。良好的上下級關係會是同舟共濟、攜手達標，然而，若是相互猜忌、懷疑、虛假溝通、被動並且具有攻擊性的互等對方犯錯出糗，這就是一場雙輸的同床異夢了（然而這又是常見的一種上下關係的狀態）。

　　今天就讓我們來分享一位LIFO學員Tim的親身案例，讓我們來釐清如何使用LIFO方法來進行有效的向上溝通。

理解不同風格主管的行事特徵

　　Tim是臺灣某高端IT技術公司內的人資主管，他原先的老闆William為高度的CH風格，極度的謹慎、仔細並且思慮周全。依據Tim的說法：「我們相處愉快，我自己本身的CH風格分數也不低，且跟隨William多年，掌握到了對方精準、縝密以及近乎嚴苛的邏輯。我是他的得力助手，做得到大部分William的要求。他的特色是，在你與他討論某件事情時，會覺得很有挑戰，因為他會不斷的逼問：還有甚麼資訊？你有搜集更多證據嗎？挑出你遺漏的細節，但當你自己思維跟整體脈絡還沒整理好時，他在逼問之外，也會協助你做一個完

整性很高的確認跟歸納。」

　　William的上級就曾評論：「他是一個做事非常可靠的人。」然而，William的穩健卻沒有獲得研發部的同級主管Steve之青睞，Steve的主風格為CT，由於其迅速、目標明確而不廢話的風格特性，他總是嫌棄William的步調不夠明快。Tim回憶，在雙方還是平行單位的同級主管時，就時常見到William要找Steve研討事情，正待他要從頭開始慢慢細說時，Steve就沒耐心走人了，旁若無人，也不在乎William才發話到一半。Tim言：「我那時候在現場目睹一切，見證了兩人關係的緊張，以及Steve在人際方面的直率作風。」

　　造化弄人，William後來被調職到其他單位，而Steve也同步的被調到Tim所在的人資部門，這位作風強勢、和Tim的前上司不合的人，就這樣尷尬地成為Tim的新上級。Tim作為前朝遺老，首當其衝的承接了William和Steve之間累積的衝突與張力，他坦承「我剛開始是忐忑的，不清楚自己未來的職業生涯會怎麼發展？擔憂現任上級與前任上級之間的不合，會不會影響了我整體的事業發展。」

　　換言之，對Tim來說，除了承繼了兩位上級之間的爭執之外，他還面臨了一個轉折，也就是從和主風格為CH的上級共事，轉變到主風格為CT的上級合作相處。

「橋接」彼此的差異：找出最有效的溝通方式

Steve交接以後，第一次和Tim接觸，就大白話的坦誠：
「我不欣賞你。」

這個看起來很劍拔弩張的初次正式見面，其實對他們雙
方來說是一次很有效的溝通。由於Steve偏好CT風格，他快
狠准的把話講開，並表達自己的意見：「你太像你以前的老
闆。做事情看起來品質是很好，但不夠快狠準。」

如果Tim在這個被指責的當下，把這些話語都當成針對他
前上級，甚至是針對他個人的偏見，那他與新上級之間就不
可能有良好的發展。然而，Tim一聽Steve的發言，便了然Steve
和William之間的衝突，其實不是兩人有甚麼實質的利益衝突
或私仇，而是不同價值觀、相異的風格所導致的溝通障礙。

Steve表明自己的態度之外，也嘗試想一些方案解決：
「這樣啦，我想我要慢慢淡化對你的偏見，請你也試著不要
像你之前的老闆那樣。有些事情就很直接了當跟我講結論是
甚麼，你打算採取甚麼行動。」

Tim回：「那我也請您幫忙一件事，當我們還在討論階段
時，能不能多給我一點時間構思？不用像William給的時間那
麼充裕，但給一個剛好足夠的思考時間。除此之外，因為我
熟悉不同部門的運作與人事，在這方面我也會協助對外的溝
通協調。」

　　兩人迅速的達成共識，也形成針對各自長處的分工。

　　Tim自己的LIFO風格，是CH及AD兩種風格為主，現在Steve希望他的CH可以不要過當，能夠加強決斷力與速率，Tim就用自己AD所具有的彈性、配合度高、能夠抓住他人喜好習性的特點，與Steve協商，並在往後的工作分工上，協助Steve在人事方面的溝通處理。

　　Tim認為，對Steve這樣的CT主管而言，他說話不客氣、雷厲風行，但和他溝通可以很直來直往，花最少的時間在虛與委蛇，而用最快的速度確認共識，找到彼此的共通目標。也就是，雙方都把需求表達清楚（即使看起來氣氛有點緊張），並順利的發展出雙方長處上能夠互補的部分，這是對Steve而言最有效的溝通方式。另外，偏好CT風格也有公私分明的特徵，因此，只要讓對方覺得你不會繼續維持前上級的行事風格與做事方式，他就能夠重新公正的看待你的表現。雖然擴展原來不偏好的CT風格並不容易，但Tim的調整，還是達到不小的成效。

讓上級如虎添翼：「擴展」與「結合」雙方的風格

　　幾個月過去了，Tim和Steve的互動漸入佳境，兩人逐漸發展出一種適合彼此的「諫言」模式。Tim理解他的上級希望他積極主動、達成目標，同時還能夠截長補短的給予Steve決策

與行為上的建議，亦即，成為有用的左右手，而不是被動的服從命令者。

然而Tim也深諳Steve的特性：容易急躁，因為喜歡快速下決定而容易草率，同時常常對事情產生強烈的情緒。雖說如此，他能夠接受諫言，也接受直接了當的討論方式，唯獨要顧全他的面子，不要讓他在眾目睽睽下難看。

因此Tim發揮AD的長處，以高度的臨場反應來「以軟化硬」，總是在Steve控制不住情緒，要在會議中大發雷霆時使眼色，而不是用話語來截斷對方；若Steve激動到忽略了那些暗示，那便在事後才給予意見，而不硬對硬的相沖。久而久之，Steve對Tim越來越器重，越來越重視他的諫言，雙方的信任感也越來越穩固。更有趣的是，Steve在很多時候要指責部屬前，會先詢問Tim的意見，讓他為自己踩剎車，再一起構思出比較周密的管理方案。

換言之，Steve在與Tim搭配時，可以比較有察覺的控制自身的CT過當行為，同時，行事風格也變得比以往謹慎仔細；而Tim自己當然也因為Steve對積極、決斷力、明確目標與速度的要求，而擴展了自身較不偏好的CT風格。

從這個案例我們可以看到，以LIFO方法來進行向上影響，重要的是理解上級的風格偏好，從中讀取出上級喜歡如何被對待，並「善用」自己的長處，讓自己的長處能夠協助並造就了上級的進步。

　　在溝通上，掌握「橋接」的祕訣，配合對方最偏好的溝
通方式來提出需求和提案，以獲得共識來促成行動。而在長
久的共事上，要「結合」彼此的長處，把雙方在觀點與長處
上的差異當成轉機，讓彼此成為最互補的夥伴。

善用長處發揮領導力

當我們談到領導，似乎不可避免的會提及「領袖氣質」，領袖氣質關於人格與特質，乍聽起來給人一種與生俱來之感，像是電影裡的命中注定之人；然而，對行為論的專家而言，「天生的領導者」其實是不存在的，就行為面而言，個人透過模仿、學習、實踐、在特定情境採取特定行為等作法，也能夠成為優秀的領導者。領導永遠是眾人之事，而這需要經歷社會性的學習，以及在各種實務經驗中，尋求有效、自然、貼合個人傾向的帶領團隊方法。

用LIFO的語言來說的話，就是每個人的風格不同，長處也各異，最重要的是找到自己的偏好風格，進行相關的長處管理。領導是基於自己本身的傾向、偏好與價值來讓自己更具說服力、更能夠影響團隊，把自己的本質好好發揮並讓人願意跟隨，才是培訓領導力最重要的根本。

想要鍛造自己的領導力，首先需要誠實的面對自己的優勢與劣勢，進而和別人展開合作。再來，「有意識的」將自己於職場遭遇的每一次團隊合作（跨部門溝通、跨國合作、與背景來歷相差甚大的員工磨合、帶領小組解決問題等）累積成經驗資料庫，訓練自己宏觀的視野、溝通與協調的能

力、靈活的處事方式以及深刻的洞察力，以便在下決策時，除了認真思索各種外內部條件外，有時也猶如本能一樣的運用直覺，迅速且自然的在各種情境下發揮影響力。

四大領導風格

　　接下來，我們根據四種不同的風格，來討論不同風格的領導優勢、在擔任領導者時，該如何善用自己的長處在計畫推展的不同階段都能讓事情順利的進行。

一、支持／退讓（SG）風格

　　如果你是一個偏好支持／退讓（SG）風格的領導者，那麼在他人眼裡，你就是個「認真、誠懇與在意價值感」的人，也就是，你通常會有不錯的信用度。

　　在擔任領導人時，要多憑著個人的誠信及以身作則來建立他人的信賴。號召眾人時，能把自己的價值理念闡述清楚，多強調做這件事情的使命與意義，用指出大家共同的願景來促成行動。

　　當計畫成形，在制定決策上則共同決定或者向上反映大家的共識，並且以鼓勵群眾參與來解決問題。當工作項目分工時，也通常以信任的態度對待夥伴或部屬，展現耐性，視

需要來查核，而非步步進逼。

　　LIFO的資深顧問Lucie是一位偏好SG風格的總經理，她年少得志，一畢業就到一間美國外企擔任教育訓練處的主任，帶領一個精英小隊，服務數千位員工的教育發展。Lucie當時帶的助理很多在資歷與輩分上都長她一輪，對這些人而言，年輕的Lucie儼然就是空降而缺乏資格的領導，然而，Lucie以三種方式來服眾，並建立了「真誠」、「卓越」的團隊氛圍。

　　首先，她任勞任怨，接受上級領導安排身兼多職，證明自己出色的能力。既擔負全公司教育訓練的規劃與執行，又負責TQC的管理變革相關活動，並且擔任公司內部刊物的總編。她發揮長才，老闆也大方授權，初出茅廬就把握住了這個極好的舞臺。其次，她勤奮的將就學時期的人才發展知識實踐於組織內，公司裡首次教育訓練裡的需求分析，乃至後續的員工發展、接班管理機制，都大幅改善了公司的人才發展策略，讓團隊成員信服，認為在Lucie的帶領下，工作得很有使命感，感覺得到充實的意義感。

　　再來，她調整自己的心態，在面對剛開始態度銳利的部屬時，Lucie不以個人立場來評判這些人，而是相對客觀並具包容力的來看待這些部屬，並讓部屬們發揮所長，且提升工作情況的自覺。Lucie誠心誠意的協助部屬成長、甚至幫助團隊成員進行職業生涯的規劃，她回憶：「當你用幫助的心態

來領導團隊，對方也可以感受得到。」Lucie的SG風格領導，帶給了團隊很清晰的核心價值，也因此，當時的團隊互動緊密、運作良好，同時也提升了整間公司的人力發展。

二、掌握／接管（CT）風格

　　若偏好掌握／接管（CT）風格，那本身就已經是一個說服力強、效率極高的領導者了了，也就是，此種領導者通常都是開創新局，邀請大家加入這個新挑戰的那個人。

　　通常偏好CT風格的領導類型，在計畫規劃初期時，會以傳達急迫感來促成更高的成就（即使有時候不是真的這麼緊急），這樣做的好處是，事情會快速的成形，而領導人就可以藉此迅速的選定一套明確的行動路線。

　　若中間遇上問題，CT偏好者因為求快，而且也比較不偏向和人求助，所以通常會獨立操作、自行解決，這時候其實也可以諮詢專家，讓專業意見能夠加入協助。而在交付任務上，CT型領導通常都假定部屬或者夥伴能力夠強，只提供最少的監督、解說與協助。這好處是各自給予彼此很大的空間，而且不用時時刻刻緊盯各種細節。在給予部屬或夥伴回饋時，是很賞罰分明、俐落明快的，會直接給予獎賞，也會很明白的指出過失。另外就是，偏好CT風格的領導，通常只有在需要的時候才給予資訊，他們不像SG風格者，總是要求

聯繫以及資訊的共享。

舉例而言，Pin是一位在上海國際廣告公司任職多年的創意總監，她是臺灣人，近二十年前，公司的上海分部剛創立，她毫不猶豫地買機票前往探勘狀況，當時上海辦公室雜亂無章、一切皆在混亂的起始階段，她隻身前往但沒被這些挑戰嚇退。公司第一年規模不到十人，第二年就已經擴充到一百五十人，對毫無人事管理經驗的Pin而言，是一次全新且龐大的挑戰。接任這個營業額達兩億的辦公室，Pin做的第一件事是回到臺灣，和臺灣分部的辦公室行政要所有的表格，一一搬回上海參照更改，她一字一句的手寫說明藝術總監、企劃文案、文案指導的職務內容，並且把每個職員分配到合適的崗位。Pin花費九牛二虎之力把臺灣的一整套複製過來，從實踐中學習如何建立完善的分工體系，以及經營國際辦公室的邏輯。

在管理面Pin用極快的速度上手，而在領導面，她以權威的方式來帶領團隊，Pin建立了「快、狠、準」的組織氛圍，用壓力來擠榨出組員身上的每一滴創意跟產能，每周的例行會議與提案，密度都高的像是一場場肉搏，她的員工對她又敬又畏——畏懼之處來自他的威嚴，尊敬則來自Pin對客戶也不輕易讓步。Pin深知作為創意總監，是專業且最懂創意的供給者，需要有堅持與擔當，否則，就會淪為客戶的執行者，她拒絕讓客戶過度干涉，態度堅持而強硬，若出事了也願意

擔責。因為這樣的領導手段，讓Pin的團隊能夠最大化發揮自己的所長，成果極佳，在業界有良好的聲望。

三、持穩／固守（CH）風格

偏好持穩／固守（CH）風格的領導者，謹慎、小心、極具條理。在號召眾人時，發揮自己的分析能力，審度及解釋目前的情勢，以此說明目標的重要性，同時提供一套完整周詳而穩妥的計畫，監督大家按表操課。

以充分審核相關事項作為任何決策的前提，若發生問題，那就先停下腳步分析資料，評估各項方案，再逐步推進。在交付任務時，給予詳細的指示，定期查核工作進展，並且以客觀的方式來評定績效表現。另外，通常他們會對部屬或者夥伴要求定期提供大量的檔案資料，而不像CT領導風格一樣的對資訊採取一種較不追蹤的態度。

以某間頂大的商管系系主任Susan為例，Susan上任的很不甘心，她就像其他同事一樣，並不想擔負行政職，更想專注的做研究。然而，即使並非自願成為管理者，她仍很盡心盡力的領導整個系所的制度面改革。

首先，Susan注意到系所的帳務長期混亂，而文書檔案的歸檔與整理也做得很糟，因為辦公室裡的職員皆在同個崗位很多年了，很多甚至比Susan與她的同事們還要更資深，

因此，整個組織彌漫著一種散漫、有恃無恐、坐領乾薪的氣氛。而教授們對擔任行政主管避之不及的態度更是讓整個系所長期沒有領頭者，亦沒有人來監督整體的運作模式。

於是，Susan召集大家，定期召開停擺已久的系務會議，對眾人分析這樣的組織文化如何危害他們和院級單位申請經費的機會，並細緻的安排了每一位職員的輪調，讓長期的帳務混亂、人事資料缺乏統整、系統老舊等問題浮上檯面，並讓不同的人員輪流學習解決，而非像以往一樣，每個職員皆同個職位做到永遠，導致沒有人瞭解除了自己業務以外的事項處理進度，而造成不透明、藏納疏漏的問題。

由於Susan以理服人、態度冷靜，又把標準作業流程制定的很清晰，因此她的改革並沒有遭到甚麼反彈，而整體系所不再是一攤死水，校務會議上也一致通過給予商管系更多的資源。

四、順應／妥協（AD）風格

對偏好順應／妥協（AD）風格的人而言，與人互動時的高情商就是他們的最佳優勢，社交力就是他們的超能力。在要影響他人一起加入一個計畫時，AD通常會根據人性需求來凝聚共識，告訴大家如何能藉由行動來達成期望。

在計畫推展的初期，會對大家宣告決策，但這個宣告是

可能會根據部屬或者夥伴的反應而重新調整修訂的。若中間遇到任何的問題，偏好AD者能夠嘗試跟探索各種可能的解決方法，也很樂於向他人請教求助。而在分工、交付任務上，他會邀請所有人參與，並做非正式的查核。在大家一起合力讓事情完成的過程，會給予正面的鼓勵並且和每一位夥伴都保持著非正式的聯繫。

換言之，偏好AD的領導者，發揮長處的方式就是維持對人的敏感度，並且善加利用自己溝通的強項，讓事情能夠在人和而且順暢的方式下完成。她總是能讓別人在和諧愉悅的氣氛下找出大家能接受的方案。

以擔任環保團體祕書長的Raymond為例，由於是公益團體，大家憑著理想及價值而來，Raymond為團隊創造出了良好的親密、民主而平等的文化，他們的每一次行動都經過所有成員的討論，若不是真正達到共識，Raymond不會帶領執行。除此之外，他也很擅長設計各種特殊福利、彈性工時、職務的調動、升遷或獎金來提振員工的士氣，並花費大量時間和組員培養感情。也因此，即使在非營利組織工作薪資並不高，他們機構的流動率還是很低。

此外，Raymond還很有創意的策劃了不少面對社會的宣傳及公關活動。雖然機構的任務是推展環境的理念及措施，但對於這個嚴肅議題，Raymond認為需要增進它和社會大眾的親和力，才更能深植人心。所以她帶領部屬們透過一系列有趣

的活動，加上名人的捧場，讓很多家庭扶老攜幼的來參加。
既讓參與者度過一個愉快難忘的周末，又兼具教育意義。

擴展與橋接：面對差異，如何發揮影響力

然而，當一個好的領導者，除了要展現自身的優勢外，
你會面臨到的是：如何影響他人。而這就牽涉到風格差異，
也就是，當所有人都如此不同時，你要如何說服與吸引他
人？

以下我們就要來談談，四種風格的領導人該如何與他人
「橋接」，又該如何控制過當。

領導力的培養，很重要的核心在於：用願景來領導他
人。

所有的號召、引領、讓眾人追隨，一定都是從一個好的
願景開始。

然而，願景其實代表了一個人的價值觀。一個人帶有甚
麼價值系統，就會受到相似的願景與目標吸引。因此，重點
在於，如何「擴展」自己的風格，用不同的方式和周遭各具
差異的人們溝通，讓眾人都能接受你的方案。

當你要向偏好SG風格者說服自己的方案時，需要「擴
展」自己對意義感的追求，以及認真、誠懇的態度。需要強
調這個方案裡所蘊涵的社會價值與公益性，這個方案有甚麼

「利他」的可能？「我們因為想要改變現況，共同讓現況變更好、更具意義，因此才來推動這樣的方案。」「要讓對方看到其中互相合作、攜手共好的前景，讓對方感覺到這是一個相互支持並且是具有深層理念的方案。」

　　而當你要溝通的對象是偏好CT風格時，要「擴展」自信、強勢並且肯定的態度。千萬不要跟他嘮叨，挑重點講，提供這個方案給予的可能性與挑戰，讓他知道他可以一展長才，他能夠在其中擔任一個可以發揮的角色，讓他知道這是一個「新」的計畫，是一個能夠引領新局面、擴展新的方向，打破目前狀況的一個方案，對方就比較容易有興致、躍躍欲試。

　　當你要來遊說偏好CH風格者時，請先好好準備相關的資料，把想交付的任務說明清楚，而不是讓對方覺得這一切都只是空想而是具體可行的。要拿出證據證明方案可行、風險低，而且能夠穩定運作，要讓對方感覺到不是難以掌握的情況、循序漸進、可預測的，否則他不會願意淌這一塘陌生的水。

　　當你面對偏好AD的人，在激勵他做事時，要能夠幽默、有趣而且靈活地與之交談，要用平實、易於理解的語言，讓氣氛不要過於沉重。同時也要把對方在參與此任務時人際面的需求納入考量，要讓對方覺得接下來相關合作的人都是友善、和氣、互相激發、彼此鼓勵的，是一個能夠容納各種天

馬行空的創意想法，能夠讓他的創造力發揮的所在。

　　一個好的領導者絕對是一個很樂意和他人共事的人，領導人不可能只靠自己而能成事。因此，LIFO方法裡面所談的「擴展」與「橋接」，除了因人而採用不同的溝通方法以外，同時也在訓練領導者的胸襟：如何和異己共事？如何與和自己不同的人討論，並且取得共識？這個過程，更能讓領導者克服盲點，從別人處得到更寶貴的意見。

避免極端：控制過當讓長處能夠最佳發展

　　面對他人之外，好的領導也要反求諸己，要避免讓自己走向極端，控制自己的偏好風格，不要讓它過當發展。

　　以偏好SG的領導者而言，不要過度理想主義，以至於把目標設定的難以達成，而讓人感覺到你不切實際，久而久之不願意追隨；亦不要被過度的道德潔癖阻撓了真正重要的事情，要多留心事情本身的進展，而不是目標以外的人情因素所干擾，或者堅持未必適當的原則（例如：每次開會每個人都一定要發到言，並且需多數表態支持，否則不是真正的共識）。

　　如果長處發揮的好，偏好CT風格的人會是一個風風火火的領導。但同時，也要留意不要過度強勢、干涉性過高，並且剛愎自用。由於本身就具有高說服性的傾向，因此，要小

心不要因此轉而展現權威性格，導致別人有更好的意見也不敢表達。

　　同理，如果發揮的好，偏好CH風格的人會是非常穩當、可靠的領導，他們有大量的成功經驗，會帶領大家避免風險，給予一個可預期的未來。但也時常需要自我反省，是不是太過拘泥細節，以至於見樹不見林？是不是過於擔心風險，而讓事情無法推進？是不是過度保守而僵化？讓事情只能維持而無法開拓到更遠或者更新的局面？

　　偏好AD風格者極擅長用靈活的人際手腕來凝聚眾人，但是，要注意是否過於怕得罪人而導致隨波逐流，被認為「鄉愿」，還是要切記自己作為領導者應該做到的引領眾人，對事情有擔當，而不是過於屈從於大家的意見而忽視了關鍵的目標及更重要的原則。

　　綜合而言，領導者在發揮影響力時，要學習如何擴展個人風格長處與橋接他人風格，讓眾人願意跟隨。但就個人的面向來說，要時常留意反省自己，不要讓原有的優勢成為短處。內外兼顧，就可以在各種不同的情境中，判斷該如何自我調整，而不會太受制於你原來的策略跟方法，如此才能增強你原來的領導角色，發揮個人領導魅力。

同中求異，異中求同：
LIFO教你團隊組建

同質性團隊如何擴展風格

　　在我們的服務對象裡，曾有個偏好CH風格的工程團隊，這個團隊既勤奮又刻苦，對上級的各種指令都能按部就班地完成，做事很穩定而可信賴。他們喜歡關起門來，自己研發技術，對於公司所回報的產品質量問題，也總是能找到最佳的解決方案。在某次的年度會議裡，此團隊被賦予新的任務：客戶服務。公司希望這些研發工程師都可以參與客服工作和客戶接觸，並用他們的專業對客戶說明自己研發的產品，直接協助客戶解決技術上的問題。

　　然而，當團隊負責的目標稍有轉向時，公司才發現這個團隊有極大的問題，明明能夠產出技術質量高的產品，卻無法把這些經驗轉成良好的服務語言，客戶不在乎產品背後的專業，他們只在意產品的合用度，這些工程師沒辦法聽懂客戶的需求，也對於客戶不瞭解他們的專業術語感到挫折，也更無法根據需求進行研發上的調整。後來公司調派了幾位原本就比較擅長溝通的人員進去協助，擴展增加這個團隊的AD

風格。藉由這些被調派過去的AD風格較高者的居間溝通，讓整個CH團隊能夠軟化他們過於閉鎖的專業本位主義，並學習如何擴展風格與控制過當，以便提升對客戶服務的價值。

同質性高的團隊，還有一個客戶案例。某個百貨業的客服部門，為SG和AD的混和風格，他們客戶服務向來做得很好，對客戶的需求很敏感，非常能針對客戶的差異量身打造他們所需要的服務，然而，公司希望能制定一套標準化的服務流程，也就是無論碰到哪一種客戶，都有可遵循的SOP，而不是憑個人喜好與互動來決定要在客戶上花多少時間。

此種改革對團隊不利，經過很多次的討論會議，仍無法產生一個讓大家都有共識的標準流程。基於LIFO原理，公司從管理部門找來了偏好CH風格的同事以專案方式近來協助，讓CH風格者在這個團隊裡面扮演建立標準典範、方法以及流程的角色。不負眾望，這位CH高的同事很快的從觀察以及調閱服務書面紀錄中，有系統地整理出脈絡，而製作了一套涵蓋重要訊息的客戶服務模式。

同質性太高的團隊，會因為所有成員都使用同樣的行為風格，而遭遇到長處過當的問題，此種狀況下，最快的解決方法即是徵聘相異風格的人員來進來擴展團隊風格長處，加入與團隊大多成員風格互補的新成員，以此來達到新的平衡。

各唱各調：
異質性團隊如何協調差異而取得共識？

我們也遇過高異質性但仍然無法運作良好的團隊。

異質性高的團隊，優勢在於每位成員能夠貢獻的才能與視角皆有所殊異。在順利情況的時候，團隊能夠合作無間、處理好各式各樣不同的狀況，成員們能夠發揮相異的知識、經驗與風格長處，有些成員根據其具備相關領域的專業知識與產業經驗，來處理複雜的技術問題；有些成員則特別擅長處世，很知道怎麼提升小組士氣，也很知道如何與客戶溝通、談判與協商。在技能層面之外，不同風格的員工也能夠相互交流不同的價值觀，並彼此激盪出新的觀點。比同質性高的團隊，異質性團隊有更多可發展的潛能，然而，高異質性所帶來的衝突矛盾是難以避免的。

某個高異質性的人資部門，碰上了一個棘手的問題：公司決策下一年度要使用更嚴格的考績標準，不達標者，會被降薪或解聘。這個指令一頒布，整個人資小組亂成一團，CT風格較高的成員認為本來就應該要快刀斬亂麻，不適任的員工就該快點離開，以免繼續拖累公司。偏好CH風格的成員則主張要制定一套標準，即使被質疑是否會花費太多時間在規章的討論上，但他們仍堅持要以此來維護公平性。偏好SG風格者對這次的改革很有意見，認為這樣不符合勞動權益，並

覺得所有人都是忠誠度很高的員工,要對誰開刀都不忍。AD風格者則害怕會影響到公司的士氣,讓整體氛圍變得僵硬、人人自危且不愉快。

整個人資小組各唱各的調,對於公司要求執行的政策,很難取得共識,這就是異質性團隊的問題。每種考量都有其可貴的地方,那應該如何拿捏?該以誰的考量為主?又該怎麼採取行動?當團隊內雜音太多時,方向不清會使所有人持續的原地踏步,即使一再反復討論,也無法釐清較有建設性的行動方案。

聆聽他人,尋求共識

既然如此,那應該如何解決這樣的問題呢?

首先,團隊若要尋求共識,要先真正的「聆聽」每位成員的堅持。這乍聽之下費時費力,但這是找出共識重要的基礎。唯有真正聽懂不同風格者的意見,才能建立被眾人信服的「宗旨」以及相應的「行動方案」。

舉例而言,人資小組裡的CT,並不在意執行的細節,只要能夠確切的達到公司目標。偏好CH者,則未必執著於繁縟的辦法,他們只是認為應當要有一套「標準化」的尺,才不會讓其他部門的同事被用一種「自由心證」的方式解聘或降薪,換言之,符合程序公平是最重要的事情。偏好SG風格

者，他們在意的是「是否能照顧到所有人」，因此，若能協調出一套讓他們滿意的配套措施，例如合理的資遣費用，或重新求職的就業輔導，那就符合SG心中的道德。而偏好AD風格的成員，希望的是公司整體的氛圍不要被破壞，那或許也應當把如何和大家宣布並溝通這個新政策、如何安撫大家的反應等等人事面的細節納入執行的考量中。

不同風格者的人有不同的意見，但這未必代表根本性的歧異，這只是代表每個人側重的面向不一樣。因此，在聆聽大家的說法時，要找出不同風格者最在意、最不可妥協的堅持，並尊重每個人的價值取向，從中找到彼此的「最大公約數」，互相協調執行面的細節，以便能形成順暢的共同工作方式。如此一來，小組在預算面、行政面、人際管理面都能兼顧，也才能真正異中求同，而不是只以表現較強勢的人為主調。

LIFO團隊組建原理

一般而言，很多團隊在自然發展情況下，會越趨向同質性，而無意識地把異質性的人排除了。如果有此察覺後，想要引入和團隊成員主風格不同的人才，須注意以下兩個原則。

一、團隊成員須要有包容性及開放接納的胸襟。

二、新加入的成員為了能和原有成員有更好的溝通，需要瞭解這個團隊的主要價值觀及行事作風，最好這個團隊的主風格不要是這位新成員最不偏好的風格，這樣才不會因為格格不入而無法立足。

若是為了某項任務而要新組建團隊，就可以根據團隊任務的要求而定調這個團隊應該如何運作，也依據任務的性質來決定需要採取哪些風格的長處。例如：是更著重快速地完成任務目標，或是更注重成果的質量，還是要規避各種可能風險，或者需要更靈活彈性來產生更多的創意。如此，不論團隊成員的風格如何，都會對團隊的運作及期望有明確的共識。

沒有具有所有風格優勢的完美個體，但遵循LIFO方法，我們可以組建出更理想而完美的團隊及運作模式。

建設團隊：建立共識提升團隊合作

編輯自：Stuart Atkins and Allan Katcher博士原文

用別人喜歡的方式對待別人

「己所欲，施於人」是很好的道德格言，卻是很差的管理理論，它假設每個人都是一樣的，它也期待以對同樣方式對待不同的個體會有相同的響應。然而，事實並非如此，並不是所有人都樂於被用你喜歡的方式對待。若要進行良好管理，需要知道如何欣賞別人的風格、長處和動機，這樣才得以和諧相處。

要讓你的團隊有最佳表現，你必須要使他們像管弦樂團一樣地合作：個人都盡其所能，整個團體在融合個人的長處後也有最佳表現。要達到這個境界，你必須先剖析出團隊內每個人不同的行為風格。

瞭解個人的行為模式，主要是由四種基本行為風格組合而成，其中有一或二種最占優勢。其它較不常用的行為風格則在情況需要時才會產生作用。**風格無好壞之分，它們只不過是個人所採用的不同行事方式，每一種風格都是可接受的，而且都能發揮其效益。**

融合和配合

在任何單位裡，各種風格都有獨特的表現方式，也都有其重要性。

換言之，**良好的團隊合作的祕訣在於融合不同的行為風格。**

做為團隊管理者，你必須鑑別各個成員偏好的風格，並以此作參考來督導他們。然後藉著向他們解釋各種風格的特性與差異，並說明各種風格都能有的獨特貢獻，你可以促成更好的團隊合作。

在你的引導下，你的團隊成員將學習到如何藉由融合與配合他們的風格，以及欣賞與善用彼此的差異，以達到整體最佳表現。

團隊建設的危機：成員長處運用過當

然而，如果大家誇大的表現自己的風格，彼此的歧異就不容易被互相欣賞。一件好事被做得過火，超過某種限度的話，長處就變成缺點。

所以，一個主要風格是掌握／接管（CT）的職員，原來的特色是開創和自信，可能過分得變成衝動和傲慢了。而一個主要風格是持穩／固守（CH）的同事，向來是謹慎、講求

方法和擅長分析，也可能變得墨守成規、吹毛求疵、甚至陷入分析癱瘓。

在你的部屬之中，某個偏好支持／退讓風格（SG）的人可能過度信任別人而容易受騙，也可能追求卓越到一種過度完美主義的地步。另一個偏好順應／妥協風格（AD）的人則誇大他的彈性作風，變得前後不一致，而善於應對的行為也顯得是巴結諂媚。

過當的行為來自四種可能性

一、**過往的成功經驗**：人們之所以太常或過度表現某些行為，是因為他們的風格常讓他們感到滿意和得到回報。他們的風格不是一向造成他們的成功嗎？所以，即使情況不需要，多這樣做又有何妨？

二、**環境的壓力**：過當也可能由工作環境中的壓力所造成。舉例來說，目標模糊就可能對工作者產生壓力。當你的目標是要提高利潤，但你得不到任何關於要提高多少利潤或在什麼期限之前須達成的指示時，就會產生壓力。也可能別人為你設下不合理的期限，你根本就無法如期達成要求。

三、**職權和責任的分際不清**：在此情況下，沒有人能弄清楚他們應該做什麼？向誰負責？工作要求裡是不是有一些互相衝突的期望？舉例來說，行銷部門可能要員工在工作時

編列大筆預算，但財務部門的則要求要節省開支。

　　四、**工作負擔過重**：可能工作和責任遠超過個人所能負擔的範圍，也可能經驗不足，造成個人或整個團隊都無法達成工作要求。

　　在幫助員工避免過當行為前，務必先檢視工作環境和工作規章，看看這些對員工有何影響，在必要和可能時儘量做適度的調整。

調對頻道：幫助團隊成員進行長處管理

　　工作環境與規章調整後，下一步即是分析各團隊成員的風格，並依其風格來影響他們。並不是說要你改變自己習慣的管理方式，而是在不同職位上為每個成員找出適用的動機和意義。

　　假如你想影響一個主要風格是SG的人，你的辦法是：請他協助，強調有價值的理由，提到他的理想和追求卓越的精神，表達你個人對他工作的關心，強調有機會自我發展。

　　「Jack，我真的需要你協助我做這個案子。它對公司和我們部門都很重要。如果我們做得出色，大家都會知道我們的部門有多優秀。另外，能夠進入計畫核心，對你個人而言也是個很好的學習經驗。」

　　當他願意參與新任務時，和他一起討論工作目標，顯

示你個人的投入及對他的表現感興趣。當他有問題或需建議時，要給予指點，並且信任和肯定他的價值。

如果要影響一個偏好CT風格的人，訴諸他的競爭心。提供他責任、權力和達成目標所需的資源，並讓他表現他能怎麼做。別盯他、站遠些，給予發揮和獨立作業的空間。

「May，這個新計畫太難了，其它部門也料定我們會做垮。我希望由你負責來做，讓別人知道我們辦得到。這計畫完全是你的，我可以指派你要的人，但我期待你把它做好。如果這個計畫要實現，就只有你能做了。」

當然，要把後果說明清楚，並設立明確的界限，讓她知道你的期望。但是也要讓她知道你會接受她的構想，並欣賞她的開創部分。和她略為爭論一番，讓她較有警覺心。

如果團隊成員的主要風格是CH的人，要針對他講求方法的特性。他沒有賭性，所以提出的構想要是低風險的，是最適合他的分析能力的事，能讓他運用邏輯和事實取向的處理方式。若要讓他進入新領域，需強調它和現有工作的關聯，這樣他才覺得對新工作有熟悉感。

「Tim，這是另一個新計畫，和去年我們接的那件差不多。我希望你深入研究一下，找齊所有我們需要的資料，把它做得有效而正確，我們已做過這類案子，你知道我們要的是什麼。」

在對待他時，你要顯示你會客觀公正，並前後一致來看

他的表現及指導他。他不喜歡意外或迂迴曲折，所以要說得很詳細且有條理。另外還要有系統地和他一起觀察事情的進展。

至於面對偏好AD的人，要善用計畫中與社交有關的部分，這是讓他和別人一起工作的大好機會，而且有機會受人矚目。說明社交技巧的重要和適應能力的需要。

「Amy，有個案子需要你來處理，公司最高階層對這個案子很關心，如果做得成，每個參與的人都是贏家。不過，別的部門對這個案子似乎也有意見，我們必須要把他們的構想納入最後方案裡，不要讓他們覺得我們強壓在他們頭上。我們一定要做得有彈性些！」

要多提供一點消息，對事情的進展要給予有幫助的回饋。在催促他作決策之前花點時間和其社交，記得要保持友善關係、輕鬆、非正式，並且以她為主角。

當然，你不需要等到有真正的新任務來時才激勵你的團隊成員，要他們以嶄新的活力來做事。進行中的工作也可採用相同的原則和選擇。大家都希望團隊領導人多瞭解他們，你可以用適合於他們的風格方式來滿足他們的需求。而這也就是LIFO方法的精神：理解他人的偏好風格，並且以他們所喜歡的方式來溝通／交流與達到共識，讓你與團隊成員之間的合作更順暢。

促進團隊的良好關係

　　以團隊領導人的身分而言，在控制造成壓力的環境和建立激勵個別團隊成員的模式後，你該做的是促進成員之間的關係。

　　而良好的成員關係需要建立在彼此理解的前提下，你可以採取以下方法。

　　一、**公開討論彼此的偏好風格**：在團隊會議上，討論四種風格模式以及其互動情形。幫助每個人分析出他們的風格。大多數的人可以輕易認出自己的風格來。然後，特別是在團隊會議上，說明各種風格在創造合作成果上如何相互關聯並有互補作用。

　　二、**強調沒有所謂的好風格或壞風格**：一旦大家瞭解到這點，你的團隊成員間意氣用事的誤解就會消解。Amy會瞭解Tim並不是一個吹毛求疵的絆腳石，他的CH風格和長處對整個部門的成功也有相當貢獻。

　　如果個人對自己和周遭人的主要風格有所認識的話，他們在調適人我的行為和融合彼此的風格上已成功了一半。

　　三、**釐清成員風格以後一起討論角色與工作的分配**：適度轉換部門裡的工作有助於融合和配合風格，也就是依據團隊成員的偏好風格來協助進行任務的規劃與職涯發展，把團隊成員放在合適的位置上，讓整體運作得更順暢。討厭規劃

和細節但喜歡行動的人（CT）可以派給他解決問題的任務，擅長做例行公事的人（CH）可以管理部門的檔案。

四、尋求合適的幫手：老實說，也許身為主管的你並不喜歡扮演這樣指導培訓或者中介的角色。在團隊中尋找一個偏好SG風格的人，讓他擔任你的助理，協助你處理成員的培訓工作。或者在各個成員的溝通難題裡，尋求偏好AD者，來幫助你擔任多方的橋梁，聆聽並轉達各自的困難，進行成員之間關係的疏導與調和。

同樣地，要組成任務團隊時也可用風格為考量標準來找人。侵略性強、常與別人有摩擦的人，可以配合一個主要風格是AD的人。而一個和顧客處得很好卻不太有條理的人，可以配合一個主要風格是CH的人。

五、定期開會討論與調整：最重要的是，記住這並不是一蹴可成的練習。你必須舉行經常性的會議來檢核大家的風格是否配合得宜並能達成部門目標，同時也要視需要來作調整。

這不是指漫無目標的相互分析和謾罵，而是目標取向的檢討，從發生的問題開始討論。

「期限達成了嗎？」

「你的規劃出現瑕疵了嗎？」

「造成壓力的因素是什麼？」

「我們解決的了嗎？或是否必須要學會忍受其存在？」

開始時以工作內容為切入點，也就是先以事件導向做為開端，等到問題討論完後，逐漸導入造成這些問題的風格層面因素，減低針對性，緩解團隊成員的防備心理。

LIFO方法在團隊建設的總結原理

有些人拒絕討論他們同事的風格，認為這樣做是業餘心理學家，而會議也變成是團體治療。但事實上，我們在職場上，一直在扮演業餘心理學家的角色，我們向來花很多時間分析同事和老闆性格、他們做某些事情的原因。

真正需要的是把這樣的行為公開化，用得到大家共識的術語來進行，才能讓個人從共享的知識中獲益。一旦大家認識到風格無好壞、人人可有特殊貢獻，就能客觀的看待彼此行事風格。

讓團隊成員認知到，即使各位充滿了不同，也根本沒有作矯正的必要，因為沒有人受責備，並且所有的行事方式都受到尊重。

總而言之，就是要大家深切體認以下的事實：**個人的行為方式不同，但有一些可預測的準則可用來處理這些歧異，也就是LIFO方法論。就像各種樂器合奏出絕美樂章一樣，各種風格都能對團隊有所貢獻，以達成極致表現的目標。**

組織發展與變革的應用

　　「我們小組對許多基本論點有太多爭議，因而徒勞無功。我們始終在原地打轉，卻仍然做不出決策。」某家大公司的一位經理這麼說。而同一公司的研發部副總則說：「我們部門似乎擁有一群能有個人貢獻的優秀專家，可是我們卻不能像個團隊一樣的工作。」某家電子公司的總經理提到：「我們經常在太不切實際的理想主義者和講求實際的現實主義者中產生衝突。」類似的評語在於許多大公司中屢見不鮮。這些例子顯示出無法適當運用個人長處，或是以一種防衛性的方式來過度運用長處的現象。

　　一個企業做大到某個地步，勢必會遇上組織變革相關的難題。當組織只有數人時，可以依賴對各自的默契與熟悉度來做事，但當組織擴張、建置、部門化以後，勢必會有越來越多溝通、合作甚至是整體組織策略上的問題。

　　為了加強長遠的企業競爭力與避免結構老化，組織需要維持彈性並且有意識的進行變革。

　　然而，在進行變革前，知其癥結是最優先也最重要的一步，先評估組織整體的風格、長處與可能的集體過當行為，才能夠邁向解決問題的開始。LIFO方法的四種風格取向，除

了用來分析個人的長處與價值觀外，也能有效的用來描述組織的行為特性，也就是通常所說的組織或企業文化。

四種組織文化

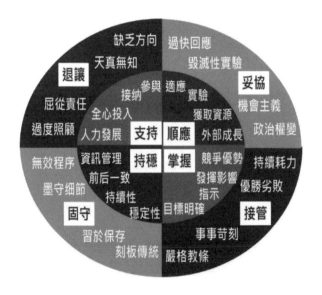

一、支持／退讓（SG）

　　一個SG為主要文化的企業，關注的重點在於「群策群力」、最在意的管理功能為參與，通常以質量做為績效評量的標準。組織氛圍期待成員能夠發揮群體力量、建立凝聚力

和團隊精神、處理和解決團隊和組織成員間的衝突。而側重的面向會是「發展人才資源」，著重在組織成員的成長、相互支持與學習指導。

在溝通方向與偏好模式上，以「雙向平行式的團體討論」為主，在意團隊合作的改善與發展，並且以分享、增進學習的方式來對待資訊。而在時間認知上，組織多會看往未來的願景。

SG的組織文化，通常比較不看中個人的主動性，會有「對潛在問題難以解決的悲觀」，在組織固化以後容易缺乏方向、對成員過度照顧，因此反而縮限了彼此成長的空間。

在面對組織變革時，會遇到的挑戰為，整體成員對組織的生存困難缺乏警覺，過度天真的認為只要一直精益求精的要求質量問題就得以迎刃而解。這樣的狀況乍看之下是對外在環境的陌生與漠然，實則為組織內部具有一種沉浸在理想中而逃避現實的文化。

二、掌握／接管（CT）

CT為主要文化的企業，關注的核心在於「成果」，在管理上最在意明確的指示，以銷售成果做為績效評量的標準。CT偏好以「由上而下的縱向指令」來溝通，通常以競爭的方式看待資訊，也就是以資訊為一種能夠贏得優勢的資源。風

格偏重CT的組織，對時間的認知永遠是當下，每個當下都試圖開創新局。

CT的組織文化，通常比較不在意團體的可靠性，容易有傲慢的傾向，而且比較在乎個人的成果而不是集體的利益。對CT風格的企業而言，容易有的一個危機即是：不斷的想要向外拓展、開創新挑戰而持續耗能，沒有長久累積的成果。

有關組織變革，CT風格為主的企業可能會面臨的挑戰為：大部分成員對組織未來缺乏真正的關注，競爭力強、中高階者對組織忠誠度不足，因為自身條件良好，即使機構垮臺了，也能另覓他處。這個問題乍看之下是成員各自同床異夢、只顧自身利益，實則是組織的延續已和大部分成員的目標無所瓜葛，也就是組織本身因喪失優勢及競爭力，而無法提供成員發揮的舞臺，亦無法使人寄託其野心與遠大抱負。

三、持穩／固守（CH）

CH為主要文化的企業，以「協調」為主要精神，組織整體會期待成員能維護系統的結構與程序、減少歧異性，且側重審核與評估資訊。CH文化的企業在意規範，在規範的共識下，要求成員瞭解情況、展現與修正偏差，以及特別執著於保存過去事件的紀錄，以過往的經驗為參考的標竿。

CH的組織文化視資訊為稀有、重要資源，用以避免風

險，偏好透過原有的管道（尤其是書面）來溝通，集體的時間認知在於過去，以過往為借鏡。CH風格強的企業，較不看重變革的需求與創新、對改變的接受度較低，容易有固執的傾向，而因此進入組織官僚化或者老化。

由於CH風格具有的特性傾向延續舊有結構並不輕易更動架構，因此組織變革本身對CH文化較強的企業來說是相對困難的。通常具象的挑戰是政策跟各種文書工作、管理流程的繁複，也就是對過去資料與規章存留過多，並且太過重視這些歷史檔案，這樣的態度導致每一條規則都難以捨棄。

四、順應／妥協（AD）

AD文化為主的企業，以「站對邊」為核心關懷，組織會期待成員具有足夠的政治敏銳度、找出「雙贏」的方案，並且注重彼此的影響及磨合。AD風格的組織關注「提振士氣」，整體環境要求成員在順境的情境、使組織內的人感到自在，並且肯定與鼓勵他人。

AD為偏好風格的組織以跨單位合作為主要管理方式，並調和視績效指標為唯一標準的現象，搜集資訊通常是為了用來擴大人脈網絡，偏好「由下而上的一對一會談」溝通模式。

AD風格為主的組織會遇到的變革困難是害怕傷和氣。一個單位要改革、要更新、要成長，本來就會有陣痛期，可能

會有人員的裁減或者人事的變動。一個偏好AD文化的企業可能會因為想要避免這些爭端與衝突，而沒有真正處理應該要被檢討的相關人事問題。

　　組織文化及成員的行事風格，就如同個人，往往會隨著企業的成功而傾向固著於其中一兩種文化模式。不但會因為過當而讓企業運作中帶來任務面及人際面的負面結果，也會因缺乏其他風格文化的展現而導致管理、決策或問題解決的盲點。

組織變革方針

　　要建立一個明確的認知，組織文化的建立通常來自：

一、過去組織發展成功經驗的影響。

二、高階管理團隊的風格影響。

　　因此，在進行組織變革時，要進行的工程並非「否認過去的企業文化」。如果全面地要更動組織的風格，那同時也就否認了過去順暢的運作方式。要避免的只是過度使用同樣的運作方法，造成本來是長處的部分轉為過當，而導致整體的局限與風險。另外，要改變一個組織，一定是從管理團隊開始，先由團隊成員的風格、作法、領導力著手，才能擴散影響到整體企業。讓我們用LIFO方法的架構來說明風格與組織文化的變革。

支持／退讓（SG）風格為主的核心領導團隊

是一個深具理想的團隊，不會為了短期利益犧牲長遠目標，但這也一體兩面的反應了對短期營利的不夠在意，以及對營運的不切實際。例如：懷有高度道德感，稍有道德瑕疵的生意就不做，導致落敗於競爭的廠商。換言之，這樣的領導團隊可能花很多資源做各種項目，但都無法轉變成真正的利潤。此外，可能無法有效利用組織人才，因為管理上太過溫情主義與念舊。

針對這樣的狀態，要做的改革是將成員的理想性與公司的利益相互橋接，要畫出一個有意義感的大餅，讓管理團隊感受到變革是以具有價值感與共同信念為前提，要給予足夠的變革願景，讓領導團隊願意跟隨與貢獻。

掌握／接管（CT）風格為主的核心領導團隊

擅長站在峰口，抓住機會，因此常有大起大落的狀況，所有人都要衝，所有成員都只顧自己而不管大局，組織容易在內部資源爭奪的內耗中度過，最後就分崩離析。

若要針對CT管理團隊的變革，要重新調整獎懲、薪資等制度，要讓成員相信變革能夠帶來個人的好處，讓組織在變革以後較具有「以能力為基準的平等文化」，例如取消以年

資作為薪資的級距，而改以能力和業績為獎懲依據，並給予破格提拔的可能性。貢獻多，獎勵也就多，把組織變革和與所有成員職涯吻合的利益相結合一起，就能夠共同向上。

持穩／固守（CH）風格為主的核心領導團隊

　　組織較保守、傾向固化，並且極力避免風險，對改變的抗拒性較強。團隊成員偏好維持既有的基礎及使用過往成功的方式運作。即使在環境已然變化，過往做法越來越不合時宜，管理團隊仍然會因為擔心變革後的風險而裹足不前。

　　因此，在面臨改革時，切記勿躁動，要以循序漸進的方式進行。在進行變革前，一定要提出「詳細的計畫」，這樣的計畫內容得包括流程表、時間進度與「影響度」的分析。也就是，對CH文化的組織而言，降低風險是一種最適宜的變革方法，要從組織內小規模的試驗開始，成功後再進一步地擴大規模。

順應／妥協（AD）風格為主的核心領導團隊

　　組織具創意、敢嘗試各種實驗性的作法，公關能力佳，但也因此容易受到外界相關機構的左右。此外，也缺乏公司內部的制度與程序，容易以打破規矩為常態。對專業、需要長期保有的信念價值以及組織營運的成功模式都不易有所堅持。

　　AD風格的組織相對而言較能以彈性的態度接受改變，但前提是不能危及「人和」。因此，在進行組織變革時，要儘量把人事相關的爭執與部門利益間的衝突降到最低，並強調內部對於規章、理念與運作方式的檢討與制定，是為了讓組織有更好的外部名聲及更好的內部士氣。同時也強調所推動的變革方案非制式僵化，而是可以靈活修訂的。

　　LIFO方法應用在變革管理，是組織發展很核心的技術。首先，它讓組織成員自知公司的問題以及現有定型的組織文化，並從中看到長處及過當的部分，再針對問題進行改善，而非對每種不同文化的企業都使用相同的變革方法，如此才能真正解決問題的癥結。而在變革過程中，考量到管理團隊的風格，才能用讓成員的防衛與抗拒最小的方式來完成改革。

銷售攻心術：
知彼也知己，拓展自己的溝通力

　　即使是一個超級業務員，也會遇到一個讓他的技巧完全失敗的客戶。某些時刻，客戶就是採取防禦性的態度，儘管業務員積極提高客戶的興趣，嘗試AD風格的幽默與彈性作風，並多方探問客戶的反應，客戶依舊緊閉心扉，買賣就這麼泡湯了。無論是哪種風格的業務，似乎都有擅長應對、比較有感覺的類型客戶，也相對的，對某些取向的客戶則缺乏認識。在實務操作上，我們常常會發現，因為表達的方式以及產品或服務的價值呈現不到位而失去更多的銷售的機會。因此，知己知彼，瞭解到底甚麼才算是「到位」的銷售技巧，便顯得非常重要。

　　做銷售，就是需要別人接受我們的想法和建議，但不同的客戶有相異的關注點，有些更關注產品的質量，有些更關注價格，有些更關注銷售人員的態度，還有些更關注別的客戶的看法，而且越是大客戶，越是在意這些細節。做好銷售之前的準備工作，需要更好的瞭解客戶的個性風格，將他們最為關注的東西最快的呈現給他，以他們能夠接受的方式與其溝通互動，才能達到銷售的目的。然而，在判斷客戶的風

格之外，銷售員也需要釐清自己的風格，在銷售中有哪些優勢與局限，這些長／短處又如何與客戶的風格相匹配？

一、不同風格的銷售人員，
如何認清自己的魅力點及局限點

我們以推銷房地產的範例來說明每一種銷售風格。

支持／退讓風格（SG）

業務員Eden是一個優秀的房地產經紀人，性格溫和而體貼，非常自豪於自己的誠懇和對買主的服務。Eden認為，他所賣的是一種服務，而不是一種產品，他運用其知識與經驗，在市場供應和買主需求間作最完美的組合。他傾向於信任買主和賣主雙方，相信他們的所有話語。Eden的許多買主感受到他的誠意和投入、認為他們的特別需求能夠被體諒。Eden總是樂意去傾聽買主的立場，並努力去做買主認為公平和正確的事。如果買主的經濟壓力大，即使偶而會自掏腰包賠上一些錢，他也會樂意做讓步。

他常被批評太過拼命卻仍然無法完成交易，然而，他卻擁有一批死忠的老客戶。有時候，他會遇到一些令他困惑的失敗交易，例如受到欺騙，Eden會被這件事深深傷害，但依

舊保持樂觀的想法，認為在人生的長途賽跑中，他的努力終究是會贏得勝利的。Eden雖然不夠積極主動，但當他人有所需求，需要尋求幫助時，他都是最好的對象。

由此可見，偏好SG風格的銷售員「魅力點」來自於對人的誠懇信賴、認真勤勉，以及對產品的品質把關。「局限點」則是不願意麻煩別人，也不喜歡將意志強加於人，所以銷售過程顯的很被動。同時，SG在與客戶交往中，非常在意客戶對自己的人或產品的評價，不管是否正向還是負面評價，在情緒上易受評價的影響。他不願意做自己認為無價值或沒意義的事，做事謙遜含蓄，過於客氣往往表現的不自信。

當壓力來臨時，偏好SG風格的銷售員正向的部分是願意承擔責任，並努力處理困難與危機，接受且聆聽客戶或公司的抱怨，借陳述原則來處理反對意見，願意挺身而出做對客戶或公司正當而公平的事。負面的部分則是，當事情發展不如預期或讓別人失望時，偏好SG風格者容易變得自責、有負罪感。遇見強勢的客戶給與壓力時，可能變得自我否定、做太多讓步、委曲求全。

掌握／接管風格（CT）

業務員Fanny以勇於爭取著名。她外向且充滿自信，她

喜歡接受困難也勇於嘗試各種挑戰。面對買主時,她主動聯繫,不斷打電話並努力探索各種方式以找出潛在的抗拒原因。「時間就是金錢」是Fanny的座右銘,所以她永遠在行動中。如果她感覺到事情沒有進展,她會很快找出理由,並繼續推動任務的進展。在銷售時,她總是可以想出一棟正好合適的房子,並勾勒出一幅積極美好的圖畫。她是一個不接受「不」的人。

客戶感覺很放心,認為他們把自己交給了一個有能力的人,而且不太可能會浪費時間。然而,還是有人抱怨,說她刻意掩飾了一些重要的細節,她給他們的壓力太大了,或是她從未完全瞭解他們本身以及他們的需求。

偏好CT風格的銷售員「魅力點」在於效率,工作主動性很強,為了達成銷售目標會不惜一切。喜歡應對具有挑戰性的客戶及事情,有意識給客戶施加一定壓力。而其「局限點」則是給客戶壓力感及急迫性、催促立刻下決定讓客戶較難接受。CT做事易急躁而盲動,缺乏人際彈性,常因為說話太直接而使得客戶不悅。他們行動前欠周全考慮,過度偏好挑戰新的可能性而帶來風險。

面對逆境,CT風格的銷售員的優勢是能夠堅定地陳述自己的主張,保護自己及公司的權益不受侵害,對客戶/公司的問題和困難反應迅速,不需要依賴別人,也擅長同時處理好幾個問題。較負面的部分是,他們對相關信息不細緻的分

析、未查明情況就擅作主張，對複雜問題做出過於簡單的處理。有時會變得專斷而要求多，不能聽得進別人的意見。迫使他人或客戶接受自己的主張或迫使對方做出決定。

持穩／固守風格（CH）

　　Rae在房地產界已有數年經驗。在那段期間內，她建立了附近最廣泛的房屋資訊檔案。她和當地一位教授共事過，因而設計了一套視覺展示和資訊擷取系統，讓潛在買主在未參觀前就能對他們的公司產生好感。同樣的，她使用一份「買主檢查表」來幫助她找出最適合的可能選擇。Rae試著按照作息規律表來生活，辦公室的人永遠可以知道她目前的去向以及她的銷售進度。她的聲譽來自於能提供完備資訊給買主，對建築有專業知識，會指出房子的特點、細節或毛病。她深信要同樣尊重他人的時間，除非已握有一份書面議價和一張支票，否則不願隨便和賣主接觸。

　　有些買主非常欣賞她的投入和對細節的注意。其他人則覺得她有時不能回應他們的急切需求，太注意程序、解釋和細節，反應太慢了。即使買主似乎不感興趣，她依舊堅持要展示房子的所有特徵。當遇到壓力或抗拒時，她試著客觀及冷靜的回應買主的反對意見，卻無法注意他們的感受。

　　偏好CH風格的銷售員的「魅力點」在於做事有條理，

能堅持原則,較少對客戶妥協,一般會按照事先計畫開展銷售工作,善於運用銷售資料及產品資訊創造有利於銷售的條件,能為客戶詳盡的叙述產品與服務,鼓勵客戶節約資源,會有效的計算銷售成本。

「局限點」則是拘泥於經驗或現有資源,銷售過程創新較少,不願冒險。過於關注產品本身而淡化銷售中人的感染力,過分注重細節而忽視客戶的興趣及感受,提供過多的選擇性使客戶無從選擇,不夠有彈性及讓步來促使客戶下決定購買。做事慢、四平八穩,往往錯失銷售機會。

當壓力來臨時,偏好CH風格的銷售員在爭執中不易動怒,不會受情緒影響,能理性的分析解決問題。以資料或事實來壓過客戶的反對意見,處理問題有方法有邏輯流程,一般會考慮周全並預防問題再發生。過當的一面是在壓力面前追求合理和客觀,而犧牲對別人的關心以及人際關係,得理不饒人造成客戶沒面子也失去交易,當感覺自己邏輯不占優勢時,會退出討論。不願參加沒有條理和流程的會議,忽略或低估問題的急迫性。

順應／妥協風格（AD）

Oscar是一個很會交際的人,穿著時髦,據業界的評論,他能迷倒所有人。他擅長讓別人感覺自在,並且營造出一種

友善及有趣的態度。他的辦公室總有笑聲傳出。Oscar擁有許多朋友，而且似乎有能力說服買主和賣主雙方，讓他們都相信他是站在他們這一邊的。由於具有高度的彈性作風，他通常能夠找出方法來周旋於反對意見，或是提出一些增添、布置或重新裝潢的建議，使這棟房子更符合買主的需求。他很少強迫別人買房子，而是以一種輕描淡寫的方式來處理買主的抗拒，很敏銳的找出牽涉在內的主要因素，然後嘗試去發掘解決的方法。即使人們沒有買房子，他們離去時仍然感覺Oscar是一個好朋友。

房地產公司的老闆有時覺得Oscar花費太多時間在交際上，而在銷售方面的時間卻不夠多。很難去追蹤Oscar的進度，而且他也常進度遲緩。有時候客戶與同事不願意對Oscar表達他們的反對或者比較尖銳的意見，因為他們覺得Oscar並不以嚴肅的態度來看待他們。他也常承諾了許多優惠，卻無法兌現，因為Oscar只想著當下要取悅買主。他偶而會忽略一些細節，而且無法完整組織事情。

由此可見，偏好AD風格的銷售員的「魅力點」在於善於察言觀色，並運用個人魅力而贏得客戶的好感，能很快與客戶打成一片。善於換位思考，期望通過自己的人際優勢發展關係感化客戶、帶動客戶對產品的認可，不願意讓客戶難堪。能調和客戶有自己公司之間的關係。

「局限點」則是過於替客戶著想，不願提出適當的要

求，或太過注重愉快氣氛，使得互動內容不被重視，為維護
關係而會避免說服客戶，或者不能代表公司的立場來應對客
戶。銷售中傾向於以妥協來緩和與客戶的爭執，過分喜好社
交不能有效地用好資源。

　　當有壓力時，偏好AD風格的銷售員好的一面是能從各個
角度看清楚爭論，在意見不合時努力求得雙方皆贏的解決辦
法，致力於維護客戶或公司的期望。不好的一面是面對壓力
模稜兩可，前後不一，使自己或別人的意見不能充分表達，
期望衝突情況隨時間自行消解，或誤導別人關於他的真正感
受或真實情形，不夠坦率也難以信賴。做出不切實際的承
諾。

揚長避短的銷售攻略

　　遇到「錯」的風格，或者，無意中使用了錯誤的策略，
該怎麼辦呢？很明顯的，當事情進展順利時，你可以不需要
借重任何方法來幫助銷售。然而，當事情不順利時，LIFO的
原則能讓銷售員考慮到銷售過程的重要因素，並發展出一套
因應策略。

　　認清銷售長處也會過度使用，當遇到客戶的抗拒反應
時，銷售員會嘗試倚賴他們的最佳工具——也就是曾經讓他
們成功的方法與經驗，或使用更強勢的態度、更加詳細的資

料、更細緻的談話，因此而提供了太多說明、太多強迫、太多細節、或者太多閒聊與笑話。這樣的情況發生的次數愈多，客戶愈會感覺不舒適，愈可能延遲，或者不願購買。

當遇到抗拒時要考慮客戶的風格：你對客戶的風格採取什麼樣的假設？你是以客戶的頻道來和他溝通嗎？你瞭解他們個別的決策偏好、需求和恐懼嗎？你不必是一個風格專家，但你必須找出為什麼客戶無法接受你的風格。

要懂得變通並使用其他策略：如果你已辨識出對方的風格，而且這風格與你不同，便要展現不同風格的行為長處來應對，使對方更能接受你。如果你無法改變，可以考慮和另一個同事合作，或是轉給更擅長應對那種客戶的人（甚至要學習如何將客戶分類，以便將他們介紹給特定的業務員，提高和那種客戶達成交易的機會）。

二、如何判斷客戶的LIFO偏好風格

Victor做銷售快滿一年了，今天去拜訪江南設備貿易股份有限公司總經理David Lee。到達後李總的祕書問他是否有預約，Victor說是李總朋友黃小姐介紹來的。通告李總後被告知，一刻鐘後見面，先去會客廳等待。Victor進了會客廳，祕書倒茶招待，此時環顧四周，會客廳布置的整潔有序。

接到通知，來到李總辦公室，寒暄開場。

「李總好，我叫Victor，今天冒昧打擾您，知道李總帶領公司業務突飛猛進非常佩服，是我市優秀企業家的後起之秀，還被市領導接見……」

「嗯。你是哪個公司的，今天來主要談什麼？」李總一本正經的問。

「我們公司是黃海基建設備製造公司，本次想談談合作事宜，我們新出了一款多功能挖掘機，非常好用，市場前景看好。」

「新出的未必是最好的，存在很大使用上的不確定性，你帶資料了嗎？」

「這是一些圖片，您看看。」

「在哪些重大工程上使用過？」李總邊看邊問。

「因為是新的，目前還沒有大量使用，您可以看出，外觀很大氣，功能全面，操作很靈活。」

「這只是你的說法，用戶如何評價？有沒帶具體的參考數據，與其他廠家同類產品的性價比對照分析資料，有嗎？」

「抱歉，我這次帶的不全，我記下了，下次給您帶齊了。」

「下次來提前在祕書那預約，我們有嚴格的訪客制度要求，不論任何人。」

你覺得這位客戶的LIFO偏好風格是什麼？Victor此次客戶

拜訪效果如何？問題出在哪裡？

在銷售的準備工作上，Victor做的並不夠全面，他應該要調查清楚目標客戶的價值觀，處世哲學、個人目標及做事習慣，也就是客戶的LIFO風格。當然不是誰都能做到直接拿上LIFO風格測評表告訴客戶說我想評量一下您的LIFO風格偏好以便更好地服務（對付）您，但只要我們有心還是可以相對準確的判斷客戶的LIFO風格，尤其是客戶的偏好風格。

總體來說，我們可以通過以下三個方面來判斷客戶的LIFO風格。

1）**通過客戶價值觀關鍵信息判斷**：在拜訪前有針對性的收集相關信息，比如上述案例，在拜訪李總之前，詢問好友或李總身邊人，問題很簡單，李總「最喜歡什麼樣的人／行為」「最不喜歡什麼樣的人／行為」「一句話描述一下你們領導」。比如，一般偏好SG的客戶「最喜歡做事認真精益求精的人，不喜歡馬馬虎虎做事不上心的人」、「我們老總標準太高，我們總達不到他的要求」；偏好CT的客戶可能會被描述為：「最喜歡做事幹練有執行力的人，不喜歡做事拖拖拉拉，推一下動一下的人。」「我們老總精力充沛旺盛、思路開拓奔放，讓我們追的氣喘吁吁。」其他回答如：「最喜歡做事有計畫條理性好的人，不喜歡做事隨意性強，不按照制度流程辦事的人。」或者「我們老闆辦事嚴謹，你少拍馬屁。」則可能偏好CH；而回答若比較近似「最喜歡能替

他人著想、辦事留有餘地的人，不喜歡做事死板不考慮別人感受的人。」「我們領導平易近人，沒有架子與大家打成一片。」，他的領導更傾向偏好AD。

2）通過與客戶交往過程中的關鍵處事行為判斷：價值觀是影響行為最深層的因素，一般不易觀察判斷，但由價值觀反映出來冰山上的一角——人的行為是容易被觀察到的。做個有心人，你就會通過行為判斷出客戶的LIFO風格。

SG為主風格的客戶的行為特徵為圍繞他的價值觀——卓越、質量、高標準來體現，比如：看起來表情嚴肅，但是態度誠懇、展現耐心，願意專注聆聽，喜歡談價值及大眾利益，並多關心產品的質量。而在購買行為上，SG客戶非常關注產品的質量及品質、品牌榮譽、保質期限、關心提供服務記錄、強調公司信譽等等。他們希望被看作是一個有響應與有價值的人，表面上很清高，但實質上特別期望能做出對別人有價值的事情，一般來說願意幫助人，只要你提出要求，把關心的問題說清楚，他感覺這確實重要，便會回應，但由於SG型客戶外表的嚴肅性，往往使得我們不敢提出過多的要求來。在與SG類型的客戶做交易的前提，就是這件事情的目的與價值，為誰而作，是否符合公益，都事先說清楚，他認為這個事情是非常有價值，值得做的時候，就會有明顯的回應產生。

CT為主風格的客戶，常人未到聲音已到，做事有急迫

感，誇張的肢體語言能將你迅速融入他的氣場。愛表達觀點，語速快，打斷別人的話是常見表現，喜歡冒險、精力旺盛。溝通中多會關注產品創新性與獨特性，會直接表明自己關注利益及速效，對不同意見傾向於爭論而非數據，主觀上傾向自己主導交易過程，而非被別人強制做購買決策。始終體現效率、機會、挑戰性的價值觀。他們喜歡挑戰銷售人員的反應能力。但有時候會忽略細節而直接下結論。他做事情的動機是，這件事情對我們有何益處？誰來掌控？什麼時候完成？對於新的、有創意的事情更能激發他的意願及興趣。

CH為主風格的客戶價值觀是理性、邏輯、程序。一般來說，CH客戶溝通時會讓人覺得冷酷、缺少面部表情，聲音適中單調，較少肢體語言。行為舉止內斂合宜、話語少、多詢問問題、但少表達意見。控制風險是他的主題及強項。喜歡在現有操作上做加減法，不喜歡重新開始。會關注產品的詳細說明、數據及其他客戶的使用評價，以及售後服務的細緻條款，甚至提出試用等條件以降低自己的購買風險。他喜歡被別人看作是一個客觀合理的人。他喜歡結構化工作環境，不依賴情感和直覺。特別關注有關產品功能表現的事實與數據，安全性可靠性，其他客戶使用證明、記錄等等。他不會被感情用事，希望對方會用更多事實數據說明問題，而不是更多的人際關係作為購買行為的基礎。

AD為主風格的客戶行為特徵展現在對人友好，會主動問

候你，溝通輕鬆，具有幽默感，熱情而敏感，聲音溫和，常能針對對方意見給予正面反饋，礙於面子不會提反對意見，但有時答應的事可能難以兌現。喜歡熱情大方的銷售員。他的價值觀是和諧、有彈性，對任何信息的接收都保持開放的態度。而這種客戶對於做購買決定，更傾向於考慮團體的意見、使相關決策者及使用者能達成共識，同時希望所展示的產品可以應對各種不同需求而特意設計。AD風格的客戶希望建立的合作關係是基於互相的友善喜好，相對CH客戶的關注交易本身，他更把焦點放在人際交往及其他意見領袖的看法，讓他自己單獨做決斷，是一件比較困難的事情。

　　3）**通過客戶辦公室陳設來判斷**：通過仔細觀察客戶的辦公室陳列及布置，也能發現一些LIFO風格的蛛絲馬跡。比如：SG客戶的辦公室家具擺放嚴謹而規矩，會擺放有關體現信仰、價值觀或既往公益獎項的象徵性實物，可能會擺放溫馨的家庭合照。若有裝飾字畫，一般常有「寧靜致遠」「厚德載物」「淡泊明志」「止於至善」等相關文字。CT客戶則呈現獨特的家具擺放及座位安排，隨意性強，個性化信息濃厚，例如某些競賽勝利的獎杯。可能會有獨特稀有的擺設物品、紀念品展示等。裝飾字畫會有「馬到成功」、「鵬程萬里」、「贏」、「大展宏圖」、「創新」等訊息。CH客戶則整潔有條理，較多信息報告資料，但分類整齊堆放。體現理性CH客戶價值觀的裝飾字畫經常有「天道酬勤」「業精於

勤」「知行合一」「無欲則剛」等。AD客戶的辦公室溫馨，家具多考慮招待來客而擺設。較多家庭或朋友團體的社交娛樂活動，講究氛圍。若有裝飾字畫，一般多為「捨得」、「上善若水」、「海納百川」或「難得糊塗」等。

當然了，每一個客戶的風格都是由四種基礎風格混合而來的，我們上述主要描述的是客戶的主風格在各種細節與購買行為上的主要體現。除此之外，銷售員還需要考慮到，在順境情況以及逆境情況下，客戶的風格表現會有很大差異，需要細心判斷，找到相應的匹配方式，達成銷售的目的。

三、不同銷售階段，
不同風格客戶的銷售策略

一個完整的銷售流程，我們可以簡要的分為以下階段：銷售的導入階段、漸進階段、需求探尋階段、簡報說明階段、成交締結階段及售後跟踪階段六部分。在銷售流程的每一個階段，不同風格的客戶行為表現都千姿百態，我們需要用客戶願意被對待的方式來與客戶互動回應，這樣才能高效的達成銷售協議。下面就銷售流程六個階段中不同風格客戶的對應策略做一簡要分析。

導入階段

導入階段，和客戶的初步接觸，也是營造氛圍階段，為後面的銷售拜訪，打下很好的基礎。

SG客戶：如果有事先預約，他會留出時間來誠懇的接待。作為銷售人員，要預先做好詳細的拜訪前準備，以認真的態度贏得客戶的讚賞，並準備花必要的時間，傾聽客戶關心或焦慮的事件並予以便回應。

CT客戶：精神狀態充滿活力，態度積極言談明快，作為銷售人員，要對客戶能快速會談，表示感謝。互動前先確定客戶有多少時間，要表現出自信。

CH客戶：客戶喜歡採取正式、有條理、有步驟的方式。作為銷售人員，寒暄要適度，要明確本次談話的邏輯架構。

AD客戶：表現出愉悅歡迎的態度。作為銷售人員，需認可客戶的地位、外表，適度讚賞。採取友善而輕鬆的方式，準備進入輕鬆愉快的談話氛圍。

漸進階段

在好的導入階段結束後，就進入漸近階段，將切入本次談話的重點。

SG客戶：導入寒暄後，就要充分說明你的身分和你本次

拜訪的目的，並說明你的產品和服務將為客戶帶來哪些價值和大眾的益處，這是客戶關心的。

CT客戶：建立聯繫後，表明你在這次會面中的代表性，建立你個人有能力和有權力的形象，傳達公司的優勢形象及公司的競爭力。注意言簡意賅。

CH客戶：說明你的公司和客戶之間的長期合作關係，強調你公司系統化的運作方式，並證明和客戶間穩定而持久的關係。說明本次會面的重點。

AD客戶：在進入輕鬆愉快的談話氛圍後，提到共同認識的人，說明你與這個公司打交道的管道，指出你的公司對市場期望的彈性和敏感度，本著認可的態度引導客戶，提出自己的想法。

需求探尋階段

銷售的需求探尋階段，即通過與客戶的面對面溝通，來探尋客戶工作中的問題、困惑及痛點，瞭解目前兩人局勢的現狀、處理方法現狀以及期待的解決方案，進一步探尋客戶的需求，以及需求背後的原因，確認需求後，再找到產品的切入點，進行說服。

SG客戶：通過溝通對話，清楚瞭解客戶對產品和服務背後深層次的要求及原因，讚賞客戶的高標準及對品質的要

求。表明對可信度，品質和服務的態度，通過第三方的使用經驗，進一步佐證產品的品質和標準。

CT客戶：給予更多的機會讓客戶進行表達，說出明確的要求及目的，儘量精確，簡要的說明產品優勢，強調提高績效所需的時間及成果，從對客戶有利的角度來做說明。對客戶提出的反對意見及時進行回饋處理，抓住適當的機會，向客戶表達產品／服務的成效。

CH客戶：更多的瞭解及探尋客戶有關成本、風險、技術要求等細節問題，瞭解客戶過去的經驗及擔心的問題，並強調你的公司及產品服務相匹配的方法和系統，提供豐富的資料，來證明你公司的專業度，及其他客戶使用產品後的成果及讚賞。

AD客戶：讓客戶愉快的交流和溝通，談出他對目前現狀的看法。對他的感受，認真傾聽並給予正面的回饋，對客戶個人的目標和野心表示興趣，強化你的公司在市場上的領導地位，並表達願意與貴公司發展進一步合作的願望。

簡報說明階段

明確了客戶需求、瞭解了客戶需求背後的原因，我們將結合產品及服務進行簡報說明，這是說服客戶最重要的環節，抓緊機會與客戶進行深層次的溝通。

SG客戶：對於支持／退讓型客戶，在進行簡報說明時，要強調你的產品及服務的品質，強調產品解決方案及售後服務的優質化，願意傾聽客戶的反饋意見並進行改善，提供第三方證明或專家的評語。簡報內容及簡報過程的品質也同樣重要。

CT客戶：如果面對的是掌握／接管型客戶，說明你的產品及服務，如果能迅速有效的達成效果，並提出獲得重要成效的證明，將利益連結到所陳述的目標上，聆聽反對意見，提出了類似意見都得到處理，並提出證明。語言簡潔明快，不拖泥帶水。

CH客戶：鼓勵客戶問數據或技術方面的問題，詳盡說明所有相關事實，多運用圖表、統計數據為證據，結合技術專家的意見。展示證據合乎邏輯，提供替代性的選擇，並提供產品展示措施，同時說明你的產品及服務的長期性利益。

AD客戶：重視和諧的客戶，親和力高，願意傾聽意見，但作為產品簡報，也同時需要新奇性及有趣。提供作購買決定的彈性方案。利用證詞及第三方的證明：包括客戶的測試和有影響力的知名人士的肯定。強調你關心客戶並樂見其成功，鼓勵維繫關係，而不要求承諾。

值得提醒的是，如果是一對多的銷售簡報，就要進一步分析，聽眾中不同角色重點人員及關鍵意見領袖風格構成，甚至有條件時要對團隊風格做進一步分析，制定出針對性的

簡報方案。避免風格分析的單一性，而忽略了其他關鍵意見領袖，造成被動的銷售局面。

成交締結階段

　　成交締結階段，也是銷售拜訪的「臨門一腳」階段——獲得交易，簽約交貨。在前期通過探詢需求與簡報說明，客戶對我們的產品以及產品能夠解決他哪些實際問題，心裡都有了一些底。現在，關鍵的時刻到來了，本次銷售能否達成協議，拿到訂單？在此階段，我們更不能放鬆，而是要借風格分析的特性，掌握客戶的簽單行為，獲得協議訂單。

　　SG客戶：支持／退讓風格客戶，對品質標準的要求自始至終。所以最後階段需要階段性的總結客戶已接受的產品價值，同時充分聆聽客戶的意見，提出以互信為基礎的行動計畫，準備好正式的書面文件，作為信任的表示，並對客戶執著的品質觀念，給於熱烈的讚賞回應。

　　CT客戶：掌握／接管風格的客戶，始終願意掌控銷售過程，所以你要以尊重的口吻，堅定的重申預期中的結果，強調是客戶做出的決定，直接而有信心的要求客戶訂貨，以作為對其目的和目標的回應。為最後協議的簽訂，做好細節準備。不要拖泥帶水，節外生枝。

　　CH客戶：持穩／固守風格的客戶，小心謹慎、考慮周

全，最後階段降低客戶的成交風險就是核心問題。增加可信的附帶資料，認可做決策前的必要延遲，重申良好的售後服務及專業品質，以及更好的性價比。也可請客戶提出，評估產品和服務的標準。必要時請示上級給予試用試驗等機會。提前準備好正式的書面報告，說明要求客戶簽協議是合理程序的最後階段。

AD客戶：順應／妥協風格的客戶，在最後階段，提升客戶的成交動機需要施加一點壓力，協助客戶做決策。保證客戶的決定會被廣泛接受，流露出願意妥協的跡象，維持購買過程中的興奮和快樂，在輕鬆的氣氛下取得正式的合約。考慮到AD型客戶性恪猶豫不決的特點，必要時幫助他下最後決心。

售後跟踪階段

售後跟踪階段，即售後服務階段，是銷售完美的結束也是新的銷售的開始。在這個階段，要承諾兌現前期銷售過程中所答應客戶的利益，包括產品本身優勢的兌現以及其他利益的兌現，建立更好的信任關係，為下一個新的銷售打好堅實的基礎。

SG客戶：在售後服務中，再度保證你個人的承諾，再次強調產品的品質及質量標準，並強調你願意爭取更多人的資

源。定期聯絡，確認使用周期的服務是否令人滿意，隨時徵求意見並在答覆意見的溝通和互動過程中，開啟新的銷售。

CT客戶：強調迅速成交和交貨的利益，按照客戶的時間表來執行服務事項。重申其所做決定的利益的及時兌現性。找適當機會才互動聯絡，為洽談新商機和評估結果打好基礎，創造機會，不斷的發現新的問題，提供新的方案，同時產生新的銷售。

CH客戶：嚴格按照雙方的約定及詳細的時間執行計畫，按照流程做好售後服務工作。有計畫地和客戶聯絡確認，一切按照合約行事，同時對客戶發現的一些新問題進行整理匯總，共同進行探討，為可能產生新的銷售商機打好基礎。

AD客戶：對於主風格為AD的客戶，售後服務就是和客戶產生新的感情聯絡的紐帶，也是瞭解客戶需求的非常好的機會。確認執行過程中的被接受程度，處理來自其他使用者的抱怨問題，並表示謝意。

銷售的過程是一個不間斷的完整過程，我們人為地分了六個階段，是為了更好的分析銷售過程，掌握不同階段中客戶的不同行為表現及應對策略。但是在實際銷售過程中，它是無縫對接的，也許沒有明確的階段區隔。因此，銷售員需要靈活的感知到顧客的反應、談話與交易的進度，以及是否需要擴展自己的銷售風格，如此，才更能提升自己的業績，並把握住銷售與客戶服務的智慧。

績效的高低代表個人的能力嗎？

　　聘雇員工時，組織往往想要能力頂尖的人才，公司通常透過很多種工具／方法來挑選有能力的佼佼者，並依據職務內容選擇具備相應能力的應聘者。然而，有時候我們會遇到這樣的狀況：當這些應聘者真正上工了以後，當初豪華的履歷、各種優秀的能力證明都好像失效了一樣，具備某些優秀能力的人，時常未必具有相應的良好績效表現。

職務分配影響績效成果

　　為甚麼會有這樣的落差呢？除去適應不良的因素之外，最主要的原因是工作安排的問題。員工的工作能力取決於他是不是能夠適才適所的發揮，如果員工被交付了不在其擁有的風格長處範圍內的項目，那表現就很難出色。舉例而言，April是一位大型出版社的行銷企劃，她對潮流敏銳，也很擅長觀察消費者的習性，同時，她很知道如何和各大通路、作者、編輯以及活動方溝通。然而，由於April傑出的工作表現，在組織擴張與單位改組的變動下，她被分派到了處理書籍版權以及法務相關的部門，由於April的長處在於機敏的反

應力以及創造能力，被換到需要處理嚴謹文書工作並研讀大量規章的職位讓她的工作表現大打折扣，績效也自然下降很多。但績效考核的結果不代表April不優秀，這只代表了她被放在她不適任的位置。

換言之，從LIFO的觀點來看的話，當主管在做人事決策時（無論是升遷還是調職），應當考慮到員工的行為風格長處來給予合適的工作。如果員工被放在符合專長的位置，那進行績效考核的結果就會是一個很有參考價值的分數，若情況剛好相反，員工所被分派的任務和他的行為風格有極大差距的職位，績效評估的結果就不再是當務之急，重點更應該放在如何協助員工擴展他們的長處，讓他們能夠更好的勝任工作。

即時反饋與加強輔導

在此種狀況下，管理者就應該使用更多即時的反饋機制，讓員工知道自己在新崗位的狀況。員工若有好的表現，要隨時給予鼓勵，以此做為正向的動力，激發員工的潛能潛能；而員工若表現不佳，管理者應當馬上提出建議，讓員工明確的知道問題所在，而不是等到一季的考核之後，才不明不白又挫敗的拿到糟糕的分數。除此之外，也應當加強在工作方面的指導，在點出問題以外，也應該給出明確的改善發

展方法，展現耐心並給予足夠時間讓他改進，如此才對人才發展以及組織整體的運作有所幫助，畢竟，我們應該著重的是如何提升「未來」的績效，而不只拘泥於過去與當下的狀態，換言之，考核的重點除了協助績效管理之外，也應該進一步的把如何協助人才發展考量進來。

也就是說，管理者在進行人事決策時最重要的兩點即是：

一、適才適所，依據員工的技能及行為風格長處來決定他們的工作分配。

二、情非得已，需要員工在接任他們所不適合的職務時，以即時性的績效反饋以及更多的指導來協助他們擴展自己的長處，提升未來的績效。

就拿剛剛April的案例來論，她的AD風格較高，而較不偏好CH風格，但當她被分配到一個需要鑽研大量專業知識，並且容錯率極低的職位時，她風格取向裡的靈活、不受限於規矩、喜愛不按牌理出牌以及優秀的變通能力，就等於失去了發揮的空間，這對April與出版社本身都是一種浪費。

來看另一個案例，David是某大型消費品公司的品牌經理，他的團隊過去在公司內有輝煌的績效，成功包裝及推出了幾個知名產品。他偏好組織一個具有各種能力的團隊，鼓舞團隊精神，透過密集的共識會議來分享構想及信息，既分工又能互相合作，在有較多時間餘裕的情況下，他的團隊總

是能夠提出很好的產品策劃構想及實施計畫，David將他的SG風格長處發揮得極好，用此來達到高績效。

　　然而隨著消費市場改變，很多產品被替換，市場競爭更為激烈，新產品推出的期限大量縮短，David被要求更快地掌握市場信息，並做直覺的判斷來讓新產品上市。在此壓力下，David及他的團隊成員們感到挫折，很多產品企劃的提出及執行都延誤及落後，影響了銷售部門相應的業績目標達成。事實是公司對於品牌經理職務的期望轉向需要更多CT風格的長處，例如：行動迅速、主管需獨立做下決策、更快的掌握市場的變化等。David的績效低落，讓公司高層對於這位曾經是很優秀的主管感到頭痛，考慮要調換他的職務。

　　由上面案例來看，一時的績效考核結果，並不等同於員工的能力。然而，讓員工在其負責的工作中能發揮自身的優勢，一直都是績效能夠提升的最關鍵因素。績效管理的目的從來就不只是剔除表現不佳的人，而是激發員工的潛能，並讓員工願意面對不同的工作性質的挑戰，經過培訓學習，擴展他原來所缺少的風格長處，找出創造高績效的方法，達到公司與員工雙贏的結果。

如何進行一場雙贏的人才甄選？

　　人才是企業的命脈，掌管組織的永續成敗。而人才短缺是目前很多公司面臨的問題，好的人才難尋，真正原因不在於外部環境的人才荒，亦不在於傑出的佼佼者越發稀少，甚至不是因為沒有足夠的求職者，而是不知如何在甄選過程中確認誰才是真正「和組織取向契合又能夠互補」的人，也就是，如何當一個好的伯樂？如何具備幾乎像是占卜能力一樣的慧眼？如何看出企業真正的人才需求，選中硬實力與軟實力都與之匹配的夥伴？

　　由此可見，經過細緻規劃的招聘非常重要，招聘如果倉促，僅是為了補足人手而快速進行，卻沒有事先審核公司為何會有人才缺口、要找的是怎麼樣的人、該用甚麼方法甄選等等，往往無法找到合適的人，反而帶來大量人力與資源的浪費。

　　在這篇文章裡，我們討論外部招聘過程裡的人才甄選。

　　外部招聘的好處是範圍廣，相較於知根知底、適應良好，但可能思想僵化、同質性太高的內部晉升，外部招聘若甄選的好，可以挑到優秀又為公司帶來新氣象的新血。然而，外部招聘成本很高，存在著新人與組織相容性的問題，

很多時候，組織找了才高八斗、資歷非凡的新人，卻無法真正貼合公司的發展需要。因此，甄選就顯得極度重要，很多公司並不知道甄選的方法，面試時候可能憑著對方給人的感覺、對過去經歷的發問以及直覺就下了判斷，然而，正確的方式應是先確認清楚公司需要的人才條件、組織內部缺乏甚麼類型／能力的工作者，並用嚴謹的工具來進行評估。

LIFO方法與人才甄選

投身人力資源管理與顧問領域近三十載的LIFO資深講師林雙桂，對人才甄選的重要性與祕訣深有體會。他坦言：「過去在人才招募上使用的問卷都比較偏重能力或者智能測驗面向，其實讓我們對招來的人的適任性是不太有把握的，通常都是透過職前訓練，甚至是試用期，才能真正釐清這個人和組織之間的匹配程度。LIFO的好處是這套問卷讓我們可以很快地瞭解新人，新人也可以很快地瞭解主管跟同事。」

林雙桂先生在任職某科研機構的人力資源部門主管時，曾經有一次使用LIFO問卷與系統進行人才招募的成功案例，這個案例不只是對招募單位的發展與應徵者職業生涯的雙贏，同時也讓林雙桂對LIFO方法的認知與體悟更上一層樓。

依據團隊風格來選人

當時林雙桂所帶領的是以支持／退讓（SG）風格與持穩／固守（CH）風格為主的團隊，「我們很會構思、設計以及主持計畫，同時也擅長跨部門溝通，但我們的掌握／接管（CT）分數較弱，因此積極性不夠，工作上的強度不夠，也不太能第一時間抓住機會，最重要的是，時間上的掌握不夠明快。」意識到這點以後，當時需要聘請一位助理，團隊就決定要找一位比較偏好CT風格的人，來推進整體團隊的速度與行動力。

「上一位擔任我助理的人，屬SG與CH風格，和我們的步調很一致，所以適應良好，但也就沒有解決我們工作節奏上的問題。」也就是，如果不是「有意識」的使用LIFO方法來以團隊風格管理的角度進行人才甄選，那可能後來選的人就會找一個柔順、配合度高、謹慎，同時和團隊同質性較高的人選。

後來林雙桂先生錄取了Marry，而Marry的風格偏好即是CT。

在甄選過程，除了請Marry填寫問卷、理解其分數與風格之外，同時也在面試過程和對方介紹老闆與整體團隊的風格，讓應徵者也能夠知道自己接下來的工作環境，讓雙方的資訊都透明並且建立互信的基礎。畢竟，唯有互相理解才能

讓彼此是對方的「right person」。

選對人，「結合」彼此的風格

很有趣的是，Marry因為CT偏高，過去求職的經驗裡，大部分的同事都認為她干涉過多、強勢、難以溝通，亦即，CT的行動力與明快被她自己認為是求職上的弱勢。就Marry的經驗而言，助理的角色通常需要配合度與照顧性強，而她不是這樣的性格，很常吃悶虧。

因此，當林先生的團隊基於「擴展風格」的需求而選上她時，她終於感覺到自己的風格能夠被善用，也終於開始有發揮的空間。而Marry上任後，也確實把團隊內的行政事項管理的風風火火，各種計畫案的時程都被超前的推進。

一年後，團隊的績效與工作的效力有了顯著的改善。除此之外，Marry重新測驗自己的LIFO分數，發現以往不偏好的CH風格，分數上也有所提升。她回饋：「和團隊共事以後，我沒有以前那麼急躁，會比較考慮細節，即使在催促同事的進度，也會稍緩一點，用思考比較周全的方式來推進事情。」

這是一個團隊風格與人才的偏好風格兩者所長「結合」的極佳案例。林雙桂強調：「這是我經驗中印象特別深刻的一個以LIFO為主的面試，我們過去的邏輯可能都強調要人才

的能力、性格要和組織能夠配合，因為種種方便性的考量，而選擇長處和組織相近的人才。但這次我們先思考了團隊的整體發展與取向，然後試圖找一個能夠進行風格擴展與結合的人才，最後發現這樣對雙方來說都能獲得很大的進步與助益。」

由此可見，LIFO方法在人才甄選上，給予了兩個維度的縱深。

一、能夠補足傳統方法只考慮硬實力的缺陷：從解析風格評量結果而言，LIFO方法能協助組織解讀人才的軟實力以及人際溝通面向的傾向，能夠迅速的建立對求職者的深刻認識。

二、建立長期的互動機制：不只在甄選時使用，而是當成一個長期和部屬互動的方法。就上述的案例而言，LIFO方法在建立對求職者的解析外，還能夠有極深入而雙贏的應用。換言之，就人才甄選而言，如果還是維持傳統性的思考，尋找和團隊風格相近的人才，那可能會失去很多相互補強、雙向成長的良機，而LIFO方法就是一項能夠結合組織風格發展與求職者風格偏好，讓甄選過程更能夠用比較長期而有遠見的角度來進行評估的利器。

協助新人適應：
讓「異類」變成得力夥伴

　　組織招募新人，從來都是一件大事。一個企業，要維持良好的生機與活力，勢必會有自然而然的汰舊換新，然而，新進員工的學習與適應，其實也是個重大的議題。新進人才到底會是組織內的新活水，還是在磨合過程造成大量生產力損失，這端看管理者的智慧。

　　畢竟，一個組織，就像是一個具備動態平衡的生態系，任何一人的離職與加入，都會造成生態系內部狀態的裂解、改變與新生。負責新人訓練的主管，要如何兼顧組織內部原生的文化，同時又讓新人能夠加入與發揮，這絕對是重要而需要審慎思考的問題。

　　新人加入，以組織的角度來說，會遇到幾種需要處理的狀況：

　　一、如何讓新人迅速地上手？

　　二、如何讓新人理解並融入組織風格，並同時讓新人能夠發揮自己的長才？

依據風格給予教導

就第一點而言，許多企業在進行新人訓練時，採取的方式都是給予新人大量的「歷史檔案」與「過去案例」，讓新人從文書資料與口述補充中，理解組織的運作方式。然而，這不僅對新人的過濾、內化以及判斷能力是個大考驗，同時，還假定了每一位新人都適合這樣的文書學習方式。

事實上，偏好不同風格的人才，適合的學習方法絕對不一樣。如果能因材施教，勢必能讓新進員工度過最惴惴不安、基於自尊或害怕犯錯等心態而不敢求助的階段。

若新進員工偏好SG風格，他們通常信心低但學習動機強、態度認真。如果有一個傑出的導師（Mentor）或者一個資歷豐富而慷慨的好同事，給予心態的支持與各種工作的提醒，對他們而言會是最好的奧援。SG風格的人才，希望能受到「耐性的教導」，在解說時，若強調事情的背景與內容，對他們的理解會很有幫助，也就是，不要單純的跟他們說過去的慣例怎麼做，或者怎麼做比較好，而要把前因後果說明白。他們傾向很上進的在適應階段早到並加班（而且通常對自己多餘的付出很低調，不太讓其他人知道）、揣摩與理解各種自身還不熟悉的業務，因為希望自己能為組織貢獻，能成為組織內重要而有產能的人物。當偏好SG的新進員工在學習遭遇困難時，請給他們時間來應對，並在他們需要時給予

幫助。

　　若是偏好CT風格的新人，他們通常比較有自信，相信自己辦得到，同時也樂於接受試驗型的挑戰。他們需要專業的指導者（比起人和善而有耐性的同事，他們可能更樂於和資深而能力強的前輩接觸），希望每次的學習都可以知道主題（而不是在東扯西扯中灌輸組織文化與處世道理），期待簡潔扼要的答案，並且樂於接受挑戰與試驗學習成果的任務發派。若他們在學習時犯了錯，請不用顧慮太多，迅速的更正對方，給予他們實用的提示，並要求他們立刻重作，這是對偏好CT風格者而言，最速效的方法。

　　至於偏好CH風格者，他們謹慎認真，在適應新環境時，給人的感覺比較僵硬而節制，這是由於CH本來就比較仰賴過去經驗，比較不習慣身處於陌生而沒有慣例可參考的陌生環境。這種時候，對他們而言最好的幫助就是給予整體企業的明確介紹、具體工作職責的說明、有條理的知識、過去的經驗案例、循序漸進地提供詳細而周全的解釋，並讓他們有一點時間消化。當他們在適應上遇到困難時，提供確切的、對於狀況的分析，當CH學習上犯錯時給予觀念與理論，讓他們釐清與思考，並示範在工作內容上的細部操作。

　　新人若是AD風格，通常他們會表現得很自在、樂天跟有趣。然而，他們其實對整體狀態是很不確定的，不如表面上的歡樂跟有信心。這種時候，請當一個友善的教導者，儘

量不要在一開始就擺出嚴厲的態度，並儘量展示團隊活潑和樂的那一面。同時，儘量提供與新人本身有關的說明與案例（也就是，暫且不用提供太多方法或細節的訊息，先給予和他自身所體驗的工作內容相關的解釋即可），而這種案例若是「以前員工較令人矚目的成功案例」，對偏好AD者特別的有幫助。當他們遇到挫折時，要友善的引導，鼓勵並且避免公開批評，讓他們能有樂觀心態來面對與處理，而不是一下子就打擊了對方的自信。

不同類型的新人，需要的引導方式不同，掌握上述的幾種原則，就能初步讓組織更理解新人，也讓新進員工更適應組織。然而，每種組織都有自己內部的文化與風格傾向，又該如何讓新進員工順利加入的同時，不影響組織已經運作順暢的風格？這又是另一層面的智慧。

釐清團隊風格

這個案例發生在一個公營機構的人力資源管理部門，此部門的成員因為時常需要處理招募數千人的培訓、大型教育訓練乃至薪資管理，而養成了極強的CH文化，所有人在經手一個項目時，都有固定而流暢的驗證機制，規矩明確並且行之有時。

部門主管John風格為SG混合AD，雖然不以CH風格為

主，但管理整個團隊已久，本身的行事方式也具有CH特有的精準仔細，同時，在John的帶領下，部屬們也融會了SG的高品質要求，因此，整體團隊是一個慢工出細活的精銳部隊狀態。

某天，一個以AD為主風格、SG為次風格的新人Bob加入，已經穩定的生態平衡，於是起了一些漣漪與變化。

Bob的人資相關工作經驗豐富、履歷漂亮、極擅長籌辦大型的教育訓練，單就能力面而言，只要熟悉了業務，獨立作業絕對沒問題。然而，他的特性較自由隨興，會用他的豐富經驗來製造一個可以遊走、可以不用循規蹈矩的空間。可惜的是，當他進到這樣一個以CH為主風格的團隊時，過去成功經驗的模式就再不生效。Bob不想被SOP綁手綁腳，但領導者John與其他同事覺得不能有這麼多例外。這二者之間就有一些暗潮湧動，存在著一種Bob好像跟大家難以融合的感覺。

對主管John來說，當然有點困擾，單就John個人的風格而言（SG／AD），他是可以理解Bob的，他知道那種不想要僵硬死板、用經驗跟臨場反應來處理問題的思維。然而，以團隊帶領者的立場而言，他應該要以整體團隊文化為主，即使自身也偏好AD風格，還是要維持團隊穩健，尊重組織共識。因此，John一方面要督促Bob的發散行為（AD的過當），另一方面也要以他可以接受的方式與其溝通（也就是使用AD風格偏好的對話方式來讓他接受規則）、善用他的才能，不要

讓Bob覺得「被屈才」了。

善用與控制過當：引導新人融入團隊

John採取三種做法：

一、讓Bob可以善用他的長處，不浪費他的經驗與能力，分派Bob獨立處理一個較大的員工訓練專案。

二、同時要求Bob閱讀過去每一屆籌辦人員的檢討報告，並提出主辦時的特點、異於過去的做法以及相關的企劃（擴展CH）。

三、在籌備後期設置檢查機制，讓Bob前期能夠專心在發想，而到靠近活動時再抽驗是否有行政上的失誤，避免訓練課程當天出錯。

這三種作法，不僅讓Bob感覺到自己被信賴、接納與喜歡，同時，也給了他比較大的自由發揮空間。另外，也遵循了團隊的習性，要Bob藉由閱讀檔案來理解與尊重過往的慣例，並且快速地讓他理解過去辦理相關活動的同事們處事的方式、遇到的問題以及解決的方法。當Bob提出新的企劃時，整體團隊一同討論，不僅增進彼此的瞭解，也進行了一定程度的檢驗跟風險的排除。最後，在籌備後期，John對Bob進行了「行前檢查」，以抽點的方式來檢驗清單上的事項（這是團隊內比較資深的人會獲得的對待，若較資淺，則是請同事

進行逐一的清點。以這種「尊重你資歷的特殊待遇」，來讓Bob感覺受到重視），然而，抽點過程很不幸地發現了疏漏，於是Bob就有點難堪。

John知道Bob在意形象、愛面子，最怕沒有臺階下，因此抽點時選在私下的場合，避免在公共場合讓他出糗，並且對他解釋：「這是按著團隊的規則走，不是針對你，我相信照你的能力絕對沒問題，只是做最後確認，活動當天你就按照你的做法，完全讓你發揮，我中間會去幫你看一下，如果有任何需要，也可以隨時打電話過來，我們所有人都會支援你。」也就是，John讓Bob知道這是公事公辦，這個小失誤不影響他對Bob的觀感，同時，也適當的表達鼓舞與支持。

最後，由Bob主辦的教育訓練辦得很成功，即使中間出現道路維修導致學員無法準時抵達的插曲，也被Bob用高超的臨場反應迎刃而解（Bob馬上叫了出租車去接送，讓原先的大型遊覽車到下一個定點等待）。活動後，Bob在檢討會議上，被同事們讚賞肯定，原本帶著觀望態度的同事，既安心於組織嚴謹的方法沒有被破壞，又認可Bob靈活機敏的處世與危機處理。

就這個案例而言，John成功的橋接差異、引導雙向的風格擴展，巧妙的處理了團隊與Bob之間的張力：既讓Bob學會了團隊內建置已久的嚴謹方法，也讓團隊成員承認了臨場應變以及彈性作風有其必要性。最後，Bob在這個團隊適應得很

好，成為了人資部門的主要戰力，是一個新進員工與團隊舊有成員皆互相學習、風格彼此擴展並雙贏的良好示範。

　　LIFO方法在個人成長上，能夠協助學習者知己知彼、管裡人際關係，並發揮個人長處，扭轉劣勢、增加幸福感。在企業面，能協助組織識人／用人，並在更鉅觀的層次針對企業的人員組成進行組織變革。很期待各位讀者與我們一起終身學習，學習如何優勢管理，打造煥然一新的自己。

國家圖書館出版品預行編目資料

LIFO®優勢管理：扭轉人生到管理用人的最強煉
金術／陳子良、柯嘉雯著. --初版.--臺北市：世
台管理顧問公司，2020.3
　　面；　公分
ISBN 978-957-98899-2-6（平裝）
1.成功法 2.職場成功法
177.2　　　　　　　　　　　　109001117

LIFO®優勢管理：
扭轉人生到管理用人的最強煉金術

作　　者　陳子良、柯嘉雯
校　　對　柯嘉雯、林金郎
出　　版　世台管理顧問公司
　　　　　臺北市松江路273號13樓之7
　　　　　電話：（02）2503-9606
設計編印　白象文化事業有限公司
　　　　　專案主編：吳適意　經紀人：徐錦淳
經銷代理　白象文化事業有限公司
　　　　　412台中市大里區科技路1號8樓之2（台中軟體園區）
　　　　　出版專線：（04）2496-5995　傳真：（04）2496-9901
　　　　　401台中市東區和平街228巷44號（經銷部）
　　　　　購書專線：（04）2220-8589　傳真：（04）2220-8505
印　　刷　基盛印刷工場
初版一刷　2020年3月
定　　價　380元

白象文化　印書小舖 PressStore　出版・經銷・宣傳・設計
www.ElephantWhite.com.tw　f 自費出版的領導者　購書 白象文化生活館